덤

음길이는 누구도 사랑하기에.

365일
마음을 열어주는
지혜 한 줄

365 Days of Wisdom
Copyright ⓒ 2015 by Yvette Jane.
All rights reserved.
First published in English by Summersdale Publishers Ltd, UK.
Korean translation rights arranged with Summersdale Publishers Ltd, UK.
and Kyungsung Line, Korea through PLS Agency Korea.
Korean edition right ⓒ 2015 by Kyungsung Line, Korea.

이 책의 한국어판 저작권은 PLS를 통한
저작권자와의 독점 계약으로 경성라인에 있습니다.
신저작권법에 의하여 한국어판의 저작권 보호를 받는 서적이므로
무단 전제와 복제를 금합니다.
신저작권법에 의하여 한국어판의 저작권 보호를 받는 서적이므로
무단 전제와 복제를 금합니다.

365 days of wisdom

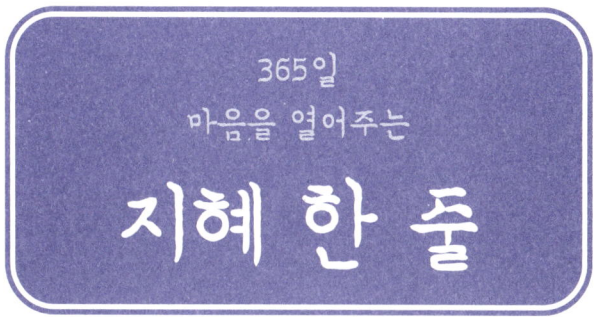

365일
마음을 열어주는
지혜 한 줄

이베트 제인 지음 | 김민서 옮김

밀라그로

■
이 책의 본문은 독자들에게 그대로 전달하기 위해 원문을 실었습니다. 행여 저자의 '의도의 오류'가 '번역의 오류'로 되어 있다면 독자들의 현명한 판단으로 재해석되기를 바랍니다.

1월

January

0101

January is named after Janus who was
worshipped as the Roman god of beginnings
and transitions.
He is depicted with two faces, one looking to
the past, the other to the future.
Make today the start of your quest to
become wiser!

1월은 시작과 변화를 상징하는 로마의 신,
야누스의 이름에서 비롯되었다.
그는 두 가지의 얼굴을 가진 모습으로 묘사되는
신으로, 한쪽 얼굴은 과거를 바라보고
다른 쪽은 미래를 내다본다.
오늘부터 더욱 지혜로운 사람이 되는 길을 추구하라!

My note

0102

A resolution is the act of deciding on a course
of action, something you are determined to
embrace every day of your life.
Perhaps this year's new resolution will be to
live each day with wisdom.

☀

새해의 결심이란
일상에서 반드시 지키고자 하는 행동을
실행방침으로 정하는 것을 말한다.
어쩌면 올해의 결심은 하루하루를
지혜롭게 살아가는 것일지도 모른다.

--- *My note*

....

....

....

0103

Write a list of goals that you would like to
achieve in your life and make a start on
pursuing one of them today.

☀

인생에서 성취하고 싶은 목표들을
리스트로 작성하라.
그리고 그중의 하나를 오늘 실천하라.

My note

0104

Wisdom is gained from being open-minded to
other people's ideas.
Practise this art by mindfully listening in all
your conversations today.

다른 사람의 의견을 열린 마음으로 받아들일 때
지혜를 얻을 수 있다.
오늘 당장 모든 대화들을 주의 깊게 들으면서
마음을 열어보아라.

─────────────────────────────── *My note*

0105

Wisdom is not an off-the-shelf product you
might buy in the January sales.
Where you find it may sometimes surprise you;
be observant and make this your year of
wisdom and learning.

지혜는 연초 바겐세일에서 구입할 수 있는
물건이 아니다.
때때로 예상치 못한 곳에서 위력을 발휘해서
당신을 놀라게 한다.
눈을 크게 뜨고 올 한해를 지혜와 배움으로
가득 채워라.

My note

0106

Seek not to follow in the footsteps
of the men of old; rather,
seek what they sought.

선인들의 발자취를 따르기보다는
그들이 추구했던 것을 탐구하라.

― 부처(Buddha) ―

My note

0107

Wisdom is the under-rated necessity of life
and the guardian of your success.

지혜는 가치가 드러나지 않은
삶의 필수요소이자 성공의 안내자이다.

- 밥 비벌리(Bob Beverley) -

My note ───────────────

....

....

....

0108

A wise person knows that gentleness is a
powerful strength - practise simple acts
today, such as offering advice with a kind
heart to someone in need.

현명한 사람은
친절함이 강력한 힘이라는 것을 알고 있다.
오늘, 도움이 필요한 사람에게
친절한 마음으로 조언해 주는 것과 같이
간단한 행동을 해보아라.

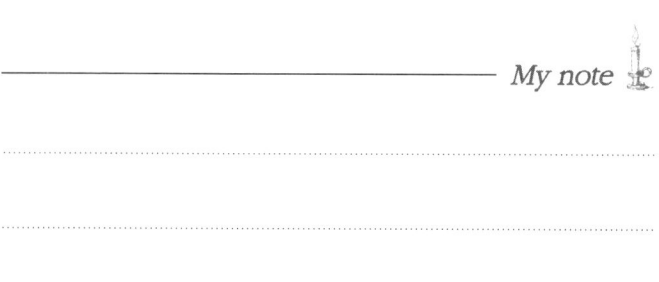

0109

Explore your own personal development by
attending a new class or workshop in
something that you've always longed to do.
Be amazed at what you can learn
about yourself.

☀

늘 갈망하던 일에 대한
새로운 강좌나 워크숍에 참석해
개인적 발전을 도모하라.
자신을 위해 무언가를 배울 게 있다는 것을
알게 되면 놀랄 것이다.

My note

0110

If you feel flustered today try to stay calm
and remain true to yourself.
Trust that this is a cornerstone towards your
growth in wisdom.

오늘 당황스러운 일이 있었다면
침착함을 유지하고 자신과 솔직하게 대면하라.
그리고 이 과정이 내면의 지혜를 기르는
초석이 된다는 것을 믿어라.

───────────────────────────────────── *My note*

0111

Set aside some time to create a vision board to
help you achieve your aspirations.

시간을 내서 비전을 적어둘 칠판을 만들어라.
당신의 염원을 이루는 데 도움이 될 것이다.

My note ─────────────────────────

....

....

....

0112

Memorise some of the incisive quotes in this
book and recite your favourites to yourself
throughout the day.

이 책에 있는 예리한 명언 몇 가지를 외우고,
오늘 하루 좋아하는 문구들을 읊어보아라.

My note

0113

A sign of wisdom is wanting to share your
knowledge with others – be a team player
today and enjoy the results.

다른 사람들과 지식을 공유하고 싶어 하는
생각을 갖고 있는 사람은 지혜롭다.
오늘 협력해서 일하고 그 결과를 즐겨라.

My note

0114

Learn more about meditation, as it is a powerful means of developing your own inner wisdom.

☀

명상을 배워보아라.
명상은 내적 지혜를 성장시키는
효과적인 방법이다.

My note

0115

If you're feeling overwhelmed, pause, take a deep calming breath and work out what really matters to you.

좌절감을 느낄 때,
잠시 멈추고 차분히 깊은 숨을 들이마셔라.
그리고 정말 중요한 것이 무엇인지 생각하라.

My note ─────────────

0116

Don't beat yourself up with 'should-haves',
simply learn from your experiences and quietly
affirm to yourself the phrase 'All is well'.

☀

'지나간 일'에 대해 자신을 몰아붙이지 마라.
그저 지난 경험으로부터 배우고
나지막이 '다 괜찮아. 모든 것이 잘될 거야'라고
스스로를 다독여라.

———————————————————————— *My note*

0117

Everybody's life journey is unique.
Have courage to choose your own direction
today – one that you feel is true to you.

인생이라는 여행은 개개인에게 특별한 유람이다.
용기를 내어,
마음이 끌리는 자기만의 인생의 방향을 정하라.

My note ───────────────

....

....

....

0118

A wise person acknowledges that there is
always more to learn, experience and explore.
Spend half an hour researching a topic that
you have never investigated before.

현명한 사람은 배우고, 경험하고, 탐구할 것들이
도처에 널려 있다는 사실을 알고 있다.
30분 정도 시간을 내어
이전에는 관심 없었던 주제에
깊이 몰두해 보아라.

―――――――――――――――――――――― *My note*

0119

When spending time with family, consider the wisdom of children, as their viewpoints can be refreshing and honest.

가족들 중에서
아이들의 지혜에 귀 기울여 보아라.
아이들의 시각은 참신하고 솔직하다.

My note —————————————————

....

....

....

0120

'Expertise' is not the same as wisdom.
It is knowledge within a specific field, whereas
wisdom is being at ease with what one knows
and what one doesn't know.

지혜는 '전문 지식'과는 다르다.
전문 지식은
특정 분야에 한정된 학식을 일컫는 반면,
지혜는 무엇을 알고 모르는지에 대해 가지는
관대한 태도를 이른다.

My note

0121

Take time to ground yourself by focusing on
your feet and connecting to the earth.
Wisdom acknowledges we are all part of
this one universe.

움직이지 말고 두 발에 집중해
땅과 맞닿아 있음을 느껴보아라.
우리 모두가 이 하나의 만물의 일부라는 것을
인지하는 것 또한 지혜이다.

My note ─────────────────────────────

....

....

....

0122

Regularly spend a few minutes of
contemplative thought in a peaceful place,
allowing you the space to grow in wisdom
and intuition.

주기적으로 조용한 장소에서
몇 분간 사색의 시간을 가지면서
지혜와 직관력이 자라나는 것을 느껴보아라.

——————————————————————————— *My note*

0123

Stop, pause and reflect to consider a situation
and its implications before you leap in straight
away with hasty decisions.

성급하게 결정을 내리기 전에 잠시 멈추고,
현재의 상황과 이로 인한 영향을
곰곰이 생각해 보아라.

My note

0124

Saying 'I don't know' to a question is not a
sign of weakness, but of wisdom and honesty.
Perhaps add, 'But I am open to finding out.'

☀

질문에 대해 '잘 모르겠습니다.' 라고 말하는 것은
결점을 드러내는 것이 아니라
현명하고 정직한 대답이다.
하지만 '알아보겠습니다.' 라고
덧붙여 말하는 것이 더 지혜로운 방법이다.

My note

0125

Acknowledge that wisdom is not
about winning.
Success means achieving the highest
outcome for everyone.

지혜는 승부를 위한 것이
아니라는 사실을 명심하라.
모두를 위한 최상의 결과를 냈다면
그것이 바로 성공이다.

My note

0126

Keep it simple.
Being rushed off your feet may appear to
make you look the part, but it does not
equate with wisdom.

모든 일을 간결하게 하라.
분주한 모습은 그 일에 적격인 것처럼 보여도
지혜로운 것은 아니다.

--- *My note*

....

....

....

0127

Preconceived notions are the locks
on the door to wisdom.

선입관은 지혜로 가는 문의 자물쇠이다.

- 메리 브라운(Merry Browne) -

My note ───────────────────────

....

....

....

0128

True wisdom comes to each of us when we
realise how little we understand about life,
ourselves and the world around us.

☀

진정한 지혜는
우리가 삶과 자신, 주변 세계에 대해
얼마나 잘 알지 못하는지 깨달을 때
비로소 찾아온다.

− 소크라테스(Socrates) −

My note

0129

Yin and yang are complementary opposites,
impossible to have one without the other.
Remember to balance your day of work with
some personal time.

음과 양은 상호보완적 반대의 관계로,
어느 한쪽 없이는 다른 쪽도 성립하지 않는다.
업무와 개인 시간의 균형을 기억하라.

My note

0130

Notice how your mind fills with judgements
today and recall how no one is above you or
below you; with wisdom we have the
awareness that we are all equal.

오늘 누군가를 평가하고 있는 것은 아닌지
자신을 돌아보고,
누구도 갑이나 을이 아니라는 것을 상기하라.
우리는 모두 동등하다.

― *My note*

0131

If you want to introduce a new positive habit,
make it a daily experience.
It must become something you no longer
question, something that grows into the
structure of your life.

좋은 습관을 새로이 들이고 싶다면
이를 매일의 경험으로 삼아라.
더 이상 의식하지 않아도
생활 속에 자연스레 자리 잡을 것이다.

My note

2월

February

0201

Listen mindfully to others; there is always
something they can teach you, whether it's
in the workplace, with family or
with a loved one.

다른 이의 말을 주의 깊게 들어라.
직장동료, 가족, 사랑하는 사람들의 이야기에는
항상 무언가 가르침이 있다.

My note ───────────────────────

....

....

....

0202

Dreams are said to reveal the deepest
recesses of our lives.
Interpret them with a book
and be inspired by their meaning.

꿈은 우리의 가장 깊은 곳을 드러낸다고 한다.
책을 통해 꿈을 해석해 보고
그 의미에 영감을 받아라.

My note

0203

Hindsight and regret undermine the truth that
you made your decisions with the knowledge
and ability you had at that time.
Be at peace with your choices.

뒤늦은 깨달음과 후회는
자신의 결정을 신뢰하지 못한다는 것을 반증한다.
당신이 내린 결정은 당시 최선의 선택이었다.
자신의 선택을 믿어라.

My note

0204

There is barely time for perception
and discernment in a rushed
and noisy environment.
As you move around, walk slowly with a
relaxed gait and a cheerful smile.

☀

급하고 소란스러운 상황에서는
통찰력과 안목을 발휘할 여유가 거의 없다.
그러나 편안한 걸음과 생기 있는 미소를
잃지 마라.

My note

0205

Look for opportunities to be considerate today –
if you're driving, allow others to enter the
traffic queue or, when at work,
ask a colleague who looks stressed
if they need your help.

☀

오늘 배려심을 발휘할 기회를 찾아보아라.
길에서 다른 운전자들에게 양보하고,
직장에서는 스트레스를 받는 동료에게
당신의 도움이 필요한지 물어보아라.

My note

0206

Listening to your inner voice will help you make wise decisions – sit in a quiet and undisturbed space in order to hear that wisdom come through.

마음의 소리는 현명한 결정을 돕는다.
방해받지 않는 조용한 장소에 앉아
내면의 지혜가 들려오는지 귀 기울여라.

——————————————————————— *My note*

0207

Be honest with yourself and acknowledge
today what biases and prejudices you
carry deep within you.
It's a challenge to uproot them
but begin by taking notice.

☀

자신에게 솔직해져라.
오늘 어떤 편견과 비난이
마음 깊은 곳에 자리하고 있는지 자각하라.
이를 뿌리 뽑는 것은 쉽지 않으나,
알아차리는 것부터 시작하라.

My note ────────────────────────

....

....

....

0208

Don't be afraid to ask questions – it really is a good way of learning.
Try it out in public with strangers – you will be amazed at what you find out!

질문하는 것을 두려워하지 마라.
무언가를 배우는 데 아주 좋은 방법이다.
공공장소에서 낯선 사람들에게
질문을 시도해 보아라.
새로운 사실을 발견하는 자신을 보며
놀라게 될 것이다!

--- *My note*

0209

If we put into practice the things we have
learnt from life our achievements might
be an inspiration to others.
Who will you inspire today?

삶에서 배운 것을 통해 이뤄낸 성취는
다른 사람에게 자극이 된다.
당신은 오늘 누구에게 영감을 줄 것인가?

My note ───────────────────────

0210

Make time to consider your physical well-being
and give yourself a regular health audit.
If you notice any part of you has not been
feeling well for some time, investigate further,
don't ignore it.

건강에 신경 쓸 시간을 아끼지 말고
주기적인 검진을 받아라.
몸의 어느 부분이라도 불편함이 지속되면
이를 무시하지 말고 추가 검사를 하라.

My note

0211

Set aside time in your day to detach from the
constant flurry of media like emails, Facebook,
Twitter and television.
Wisdom arises in quiet moments.

이메일, 페이스북, 트위터, 텔레비전 같은
지속적인 미디어 자극으로부터 벗어나
잠시 고요한 시간을 가져라.
지혜는 조용한 순간에 떠오른다.

My note ─────────────────────────

....

....

....

0212

Become a member of Amnesty International,
or something similar, and learn about those
less fortunate than yourself.

국제사면위원회
또는 유사한 성격의 단체에 가입하여
당신보다 불우한 환경에 있는 사람들에 대해
알아보아라.

My note

0213

Conquer your fears so that fear doesn't
conquer you – speak to someone to help
you address something that may be holding
you back.

두려움이 당신을 삼키지 못하도록
두려움을 정복하라.
당신을 가로막는 문제가 있으면
주변에 도움을 요청하라.

My note

0214

Valentine's Day: Plan a day out with your favourite person and enjoy the magical moments we can often take for granted that arise simply from having fun together.

밸런타인데이:
가장 좋아하는 사람과의 데이트를 계획하자.
늘 당연하게 여기던 시간, 같이 있는 것만으로도
즐거움이 샘솟는 마법 같은 순간을 즐겨라.

--- *My note*

0215

Release opinions, free yourself from views.
Be open to mystery.

생각을 표출하고 시선에서 자유로워져라.
미지를 받아들여라.

- 잭 콘필드(Jack Kornfield) -

My note

0216

The teacher who is indeed wise does not bid
you to enter the house of his wisdom but
rather leads you to the threshold of your mind.

진정 현명한 스승이라면,
자신의 지혜가 머무는 곳으로
당신을 불러들이는 게 아니라
당신 자신이 가진 지혜의 문으로
이끌어주는 사람이다.

- 칼릴 지브란(Kahlil Gibran) -

My note

0217

Ask questions of people you regard highly so
that they may lend a helping hand to you in
your work or family life.

가족관계나 직장생활에 어려움을 겪고 있다면
당신이 존경하는 사람들에게 문의하라.
기꺼이 도움의 손길을 내밀어줄 것이다.

My note ─────────────────────

0218

Appreciate the simplest of things as these are
our daily miracles and allow us to develop
wisdom in our hearts.
Just open the curtains on arising
and start from there.

☀

단순한 것에 감사하는 마음을 가져라.
이것은 일상의 기적이자
마음속 지혜를 싹 틔운다.
아침에 일어나 커튼을 열어젖히며
감사의 마음으로 하루를 시작하라.

My note

0219

Make a list of your strengths and positive
attributes; remind yourself that you are
confident yet humble and this in turn will be
noticed and respected by others.

자신의 긍정적인 면과 강점에 대해
리스트를 작성해 보아라.
자신감을 가지되 겸손한 태도를 유지하면,
상대도 나를 존중할 것이다.

My note ───────────────────

....

....

....

0220

Give yourself the time to reflect on your
choices and experiences.
This is how you develop your potential
for self-growth.

당신의 선택과 경험을
되돌아보는 시간을 가져라.
이것이 성장을 위한
잠재력을 발전시키는 방법이다.

My note

0221

Problems and challenges in our lives are
exactly the places where we can gain wisdom
from our experiences.
Embrace them!

우리 삶 속의 역경과 고난은
이로 인한 경험으로부터
지혜를 얻을 수 있는 좋은 기회이다.
문제를 끌어안자!

My note ─────────────────────────────

0222

Being patient is always a wise move.

☀

인내심은 언제나 현명한 한 수다.

My note

0223

Don't miss the chance to look up
at the moon or the stars.
A quiet moment spent noticing these
wonders can quickly put life's chaos
back into perspective.

달과 별을 올려다볼 기회를 놓치지 마라.
밤하늘 속 경이로움을 바라보는
이 조용한 순간이
소용돌이치는 당신의 삶을
제자리로 돌려놓을 지혜를 떠오르게 할 것이다.

My note ───────────────────────

....

....

....

0224

Early to bed and early to rise,
makes a man healthy, wealthy and wise.

일찍 자고 일찍 일어나는 습관은
사람을 건강하고 부유하며 현명하게 만든다.

- 벤저민 프랭클린(Benjamin Franklin) -

My note

0225

Wise men talk because they have something
to say; fools, because they have
to say something.

현명한 자는
해야 할 말이 있기 때문에 말하고,
어리석은 자는
무언가 말을 해야 하기 때문에 말한다.

- 플라토(Plato) -

My note

0226

Set aside time to decide what is really
important to you in your life.
Sometimes brainstorming with friends can be
a valuable way to discover new pathways.

당신의 삶에서 진정으로 중요한 것이
무엇인지 결정하는 시간을 가져라.
가끔은 친구와 브레인스토밍을 해보는 것이
새로운 진로를 발견하는데
훌륭한 방법이 될 수 있다.

———————————————————————— *My note*

0227

There are many books of wisdom from
all over the world.
Find an enlightening book to keep by your
bedside and regularly dip into it.

세상에는 명언에 관련한 책들이 아주 많다.
훌륭한 지혜를 담은 책을 찾아서
머리맡에 두고 정기적으로 조금씩 읽어보자.

My note ───────────────────

0228

Be open to the mystery and miracles we
experience every single day - notice how often
you could whisper to yourself 'wow'.

매일매일 겪는 새로운 일들을
열린 마음으로 받아들여라.
자세히 보면 이런 일들이
얼마나 자주 일어나는지 내심 놀랄 것이다.

My note

0229

Leap Day: Leap into action and make plans
to travel anywhere in the world,
near or far – simply bring an inquiring mind
and an open heart.

윤일:
해외여행을 계획하고 실행에 옮겨보아라.
세상에 대한 탐구심과 열린 마음만을 가지고
돌아와도 충분하다.

My note ───────────────────────

....

....

....

3월

March

0301

Make time today to focus on your
emotional well-being.
Do not let emotions simmer; ignored they
can boil over.
Address the issues that you realise
need to be resolved.

오늘 정서의 안정에 집중하라.
끓어오르는 감정을 방치하지 마라.
그대로 두면 흘러넘치게 된다.
해결해야 할 문제가 생기면
피하지 말고 직시하라.

My note

0302

Visit an art exhibition to gain a different understanding and enjoyment of another's creative ideas.

☀

전시회를 방문해
다른 사람들의 창의적이고 색다른 아이디어를
즐기며 음미해 보아라.

My note

0303

The opposite of wisdom is folly - just ask
yourself today as you are about to embark
on something - am I being wise or could
this be foolish.

현명함의 반대는 어리석음이다.
무엇을 시작하려 할 때 스스로 반문해 보아라.
나는 현명하게 대처하고 있는가,
내가 하는 일이 어리석지는 않은가?

My note ───────────────────────

0304

Be selective about what media you explore.
Enhance your understanding of the world and
always ask questions but don't get distracted
by the temptations of social media.

미디어를 선택적으로 접하라.
세상에 대한 이해를 높이고
항상 호기심을 가지되,
소셜미디어의 유혹에 꾀이지 마라.

My note

0305

Be original - be flexible to listening to others,
yet know your own mind.

독창성을 지녀라.
다른 사람의 의견을 융통성 있게 듣는 동시에
자신의 주관을 가져라.

My note

0306

Angry people are not always wise.

화난 사람들이 언제나 옳은 것은 아니다.

- 제인 오스틴(Jane Austen) -

My note

0307

There's no to-do list for creating a wisdom culture; there's only a to-be list.

현명한 사회는
인위적으로 만들어지는 것이 아니라,
자연스럽게 형성되는 것이다.

— 마리안 윌리엄슨(Marianne Williamson) —

My note

0308

Don't be scared to take risks – if they work that's great, if they don't then you have become a little wiser.

☀

새로운 일에 대한 리스크를 두려워하지 마라.
성공하면 훌륭한 것이고,
못하더라도 이를 통해
당신은 조금 더 지혜로워질 것이다.

My note

0309

If you have tedious chores that need to be
completed today, set your mind to think
positively about the end results rather
than the doing.

오늘 끝내야 할 지루한 잡일이 있더라도
그 과정이 아닌 결과를 생각하며
긍정적인 마음으로 대하자.

My note ───────────────────

....

....

....

0310

Bring a 'beginner's mind' to your day and
see things afresh.
Perhaps take a different route home and
see things with a new perspective.

초심으로 돌아가서
새로운 시각으로 사물을 바라보아라.
평소와 다른 길로 집에 돌아가면서
새로운 관점으로 주변을 둘러보자.

―――――――――――――――――――― *My note*

0311

If you are faced with a problem, don't panic.
If you calmly examine the issue, wisdom will prevail.

어려움에 직면하더라도 당황하지 마라.
문제를 차분하게 검토하면
지혜가 떠오를 것이다.

My note

0312

Remember that staying silent can be a wise
starting point while you allow space for your
inner wisdom to emerge.

침묵은 내 안의 지혜가 떠오르는
현명한 출발점이 될 수 있다는 것을
명심하라.

My note

0313

Today's wise reminder is not to blame
someone else when things go wrong.
Own your decisions and show courage in
acknowledging your share of the outcome.

오늘 기억할 명언은 무언가 잘못 되어도
다른 사람을 탓하지 말자는 것이다.
당신의 선택을 받아들이고
결과를 인정하는 용기를 보여라.

My note

0314

Myths, legends and folklore often contain
nuggets of wisdom so sit back and enjoy a
good story – book, film or audio.

신화나 전설, 민속 이야기 곳곳에
지혜가 숨겨져 있으니,
느긋이 앉아 책과 영화에 담긴
훌륭한 이야기를 감상해 보아라.

My note

0315

Honesty is the first chapter in the book of wisdom.

정직은 지혜의 책 제1장이다.

- 토마스 제퍼슨(Thomas Jefferson) -

My note

0316

The fool doth think he is wise, but the
wise man knows himself to be a fool.

어리석은 사람은
자신이 현명하다고 생각하지만,
현명한 사람은
자신이 어리석다는 것을 안다.

- 윌리엄 셰익스피어(William Shakespeare) -

My note

0317

Socrates and other ancient philosophers
believed in a philosophical life that
encompassed a love of wisdom
with a holistic way of living.
Take a few moments to reflect
on your personal lifestyle.

소크라테스와 다른 고대 철학자들은
전체론적인 생활양식에 더불어
지혜를 중요시하는 철학적 삶이 옳다고 믿었다.
당신의 생활방식은 어떠한지 잠시 돌아보아라.

My note ───────────────

....

....

....

0318

To be wise is not necessarily to be enigmatic
and complex but to be straightforward
and clear in expression.
Today check that you are saying
what you really mean.

☀

지혜로워지는 것은
반드시 수수께끼 같거나 복잡할 필요가 없다.
지혜는 직설적이고 명확하게 표현하는 것이다.
오늘 당신이 이야기하고자 하는 바가
명료한지 살펴보아라.

───────────────────────────── *My note*

0319

Don't be scared to mull over ideas
and ponder upon the outcome.
A slow, considered approach is appropriate
in many situations.

아이디어를 심사숙고 하고
결론을 신중히 내는 과정을 염려할 필요는 없다.
느리고 사려 깊은 접근이
적절할 때가 많기 때문이다.

My note

0320

To acknowledge the spring equinox,
have a spring clean.
Clear out the old and bring a fresh
outlook into your life, acknowledging
that collecting material things is not as
rewarding as aspiring to wisdom.

☀

춘분이 왔으니 봄맞이 대청소를 해보자.
낡은 것을 정리하면서 삶의 새로운 비전을 기대하라.
물질에 집착하는 것은 지혜를 추구하는 것 만한
만족을 가져다주지 않는다.

―――――――――――――――――― *My note*

0321

Your mantra today is: 'I am prepared to face problems while remaining positive.'

오늘 이 주문을 외워라:
'나는 긍정적인 태도로
어떤 어려움도 맞이할 준비가 되어 있다.'

My note

0322

Today notice how you may
be tempted to complain.
See if you can use thesen moments
to learn more about yourself and your
complaint may become unnecessary.

※

오늘 불평하고 싶은 유혹이
얼마나 들었는지 생각해 보아라.
그 순간들을 자기 자신에 대해
배우는 기회로 삼으면
불만은 쓸모없는 것으로 느껴질 것이다.

My note

0323

Sometimes our own thoughts can
be obstacles to success.
Make up your own phrases to recite to
yourself when you lose your courage.
'I am strong and capable.',
'I am safe and protected.'

☀

때때로 우리의 불안한 마음이
성공의 걸림돌이 되기도 한다.
용기를 잃는 순간에 떠올릴 수 있는
나만의 문구를 만들어 외워보자.
'나는 강하다. 나는 할 수 있다.',
'나는 잘될 것이다.'

My note ———————————————

....

....

....

0324

A kernel of wisdom may appear
amongst a wealth of worthless matter.
Look out for one today!

☀

수많은 무의미한 일 속에서도
지혜의 핵심을 발견할 수 있다.
오늘 한 가지를 찾아보자!

My note

0325

Be aware that we all hold preconceived ideas.
Avoid listening to rumours you may hear today
and wait for the truth to surface.

사람들은 모두 선입견에 사로잡혀 있다는
사실에 주의하라.
오늘 들은 루머를 곧이곧대로 믿지 말고
진실이 표면 위로 떠오를 때까지 기다려라.

My note ─────────────────────────

....

....

....

0326

Challenge yourself to the use
of new vocabulary – perhaps learn
and use one new and exciting word a week.

스스로를 새로운 어휘에 노출시키자.
일주일에 한 번씩 새롭고 재미난 용어를
배운 뒤 사용해 보는 것은 어떨까?

―――――――――――――――――――――――― *My note*

0327

When you feel too irritated by something
or someone, do nothing until you
have reached a position of calm.

누군가 또는 무언가가 당신을 짜증나게 할 때,
평정심을 찾을 때까지는 아무것도 하지 마라.

My note

0328

Set yourself wise goals for life
and encourage
and reward your progress.

인생을 위한 현명한 목표를 세운 뒤,
실천해 나가는 자신을 격려하고 보상하라.

My note

0329

Learn to love both your strengths
and weaknesses – be accepting
and compassionate of both yourself
and other people.
Take special notice of this today.

☀

당신의 강점과 약점 전부를
포용하는 법을 배워라.
자신과 타인을 수용하고 인정을 베풀어라.
오늘 이를 실천하는 데 특히 신경 써보자.

My note ───────────────────────

....

....

....

0330

The three wise monkeys are said to depict
wisdom with their expressions 'See no evil',
'Speak no evil' and 'Hear no evil'.
Perhaps start today with a plan
of 'no gossiping'.

세 마리 원숭이가 의미하는 바는,
나쁜 것은 '보지도 말고', '말하지도 말고',
'듣지도 말라'는 것이다.
'험담하지 않기'를 오늘부터 실천하라.

―――――――――――――――――――――― ***My note***

0331

See everyday pleasures through eyes
of gratitude – everything from your
comfortable bed, hot water and clean clothes,
to the early morning mist and the dawn chorus.

감사의 눈으로 하루하루 기쁨을 맛보아라.
편안한 침대, 따뜻한 물, 깨끗한 옷가지,
그리고 이른 아침 안개와 새들의 지저귐까지
모든 것으로부터 즐거움을 찾을 수 있다.

My note

4월

April

0401

April Fool's Day: Happy, joyful people are
an inspiration – the Dalai Lama combines
his great wisdom with constant good humour.
Don't forget to giggle at least once today!

만우절:
행복하고 즐거움이 가득한 사람들은 영감을 준다.
달라이 라마의 위대한 지혜는
늘 재미있는 유머와 함께 했다.
오늘 적어도 한번은 아이처럼 웃어보자!

My note ───────────────

....

....

....

0402

Plants contain the wisdom of nature.
If you have access to a garden, an allotment
or a windowbox, plan a grow-your-own project.
Grow camomile or mint to make herbal teas
and strawberries for eating at breakfast.

☀

식물은 자연의 지혜를 품고 있다.
정원이나 주말농장, 또는 창가 화분에
자기만의 식물을 길러보아라.
카모마일이나 민트를 길러 차로 마셔도 좋고,
딸기를 재배해 아침 식사대용으로
먹어도 좋을 것이다.

――――――――――――――――――― *My note*

0403

Knowing yourself is the beginning
of all wisdom.

자신을 아는 것이 모든 지혜의 시작이다.

- 아리스토텔레스(Aristotle) -

My note

0404

The saddest aspect of life right
now is that science gathers knowledge
faster than society gathers wisdom.

현재 삶의 가장 슬픈 단면은
사회가 지혜를 모으는 속도가
과학이 지식을 모으는 속도를
따라가지 못한다는 것이다.

− 아이작 아시모프(Issac Asimov) −

───────────────────────────── *My note*

0405

If you are feeling unsure about a decision
find a place of inner and outer calm
before you make your choice.
This could mean a quiet stroll
in the fresh spring air.

당신의 선택에 확신이 없다면
결정을 내리기 전에 마음을 편안히 가져라.
상쾌한 봄 공기 속을 거닐며
조용히 산책하는 것이 하나의 방법이다.

My note

0406

Today have a look to see if you can
turn a small failure into a big success.
This could be through a willingness to negotiate,
and an acknowledgement that you
made mistakes.

☀

오늘 작은 실패를 큰 성과로
바꿀 기회가 있는지 살펴보아라.
위기를 넘어서려는 의지와 실수를 인정하는
태도 또한 큰 성취라고 할 수 있다.

My note

0407

Maybe you're feeling anxious about something.
Don't resist what is happening to you, rather
accept and welcome change in all its forms.

☀

지금 무언가를 걱정하고 있는가?
자신의 문제에 저항하는 대신
이를 수용하고
어떤 변화도 기꺼이 받아들여라.

My note

0408

Forgiveness is a wise way forward.
Sit quietly, focus on your breathing
and on your heart.
Trust that the harshness you may
be feeling will eventually dissolve.

☀

용서는 앞으로 나아가는 현명한 방법이다.
조용히 앉아서 당신의 호흡과
심장 박동에 집중하라.
지금 느끼는 좋지 않은 감정은
결국 사라진다는 것을 믿어라.

My note

0409

Take advantage of the milder spring weather
and plan a walk somewhere new.
The unknown is full of learning opportunities,
even if it's just to discover a new building,
a hidden stream or a misshapen tree.

☀

부드러운 봄 날씨를 느끼며
새로운 길을 걸어보아라.
새로운 빌딩, 숨겨져 있던 개천,
심지어 색다른 모양을 한 나무일지라도
세상은 배움의 기회로 가득 차 있다.

My note ────────────────────

....

....

....

0410

A wise person cares about people, animals
and the environment.
See where you could make choices that
reflect this and join causes
that promote long-term views as opposed
to short-term gains.

지혜로운 사람은 사람과 동물,
환경을 소중히 한다.
당신도 이에 동참할 수 있는 방법을 찾아보고,
당장의 이익보다는 미래를 중요시 하는
행동을 실천하라.

My note

0411

Turn your wounds into wisdom.

상처를 지혜로 바꾸어라.

- 오프라 윈프리(Oprah Winfrey) -

My note ───────────────────────

0412

The simple things are also
the most extraordinary things,
and only the wise can see them.

단순한 것은 가장 비범한 것과도 같다.
현명한 사람만이 이를 알아본다.

– 파울로 코엘료(Paulo Coelho) –

My note

0413

Create some space in your mornings,
either to relax with a cup of tea
or sit in quiet contemplation.
This gives you a regular time for the
wisdom of your soul to speak to you.

여유로운 아침시간을 보내라.
한 잔의 차나 조용한 명상도 좋다.
정기적으로 여유로운 시간을 보내면서
내면의 지혜를 넓히는
마음의 대화를 나누어라.

My note

0414

Notice the wondrous changes
emerging around you as winter
transforms into spring.

겨울이 봄으로 바뀌면서
주변에 서서히 나타나는
아름다운 변화를 지켜보아라.

My note

0415

Today make a point of listening with care,
so that you truly hear what another person
is saying to you.

오늘 다른 사람이 당신에게
진심으로 하는 말이 무엇인지
주의 깊게 들어보아라.

My note

0416

Today give without the need for thanks
or reciprocation.
You could buy a coffee for a homeless person,
help a stranger with directions or pass on your
unused parking ticket to someone else.

☀

오늘 감사나 보답을 바라지 말고
무언가를 베풀어라.
노숙자에게 따뜻한 커피를 한 잔 사주거나,
낯선 이에게 길을 알려주거나,
사용하지 않은 주차티켓을
필요한 사람에게 건네는 것은 어떨까.

──────────────────────────── *My note*

0417

To seek wisdom is to look within
and to trust your own awareness.
Start a journal in which you record your
daily experiences, decisions and thoughts.

지혜를 탐구하는 과정은
자신의 존재를 깨닫고
내면을 들여다보는 것이다.
매일의 경험과 선택, 생각을
정리하는 일기를 써라.

My note ─────────────

....

....

....

0418

Close your eyes for a moment
and notice what you hear.
Just this simple act can allow a little
extra space for wisdom.

잠시 눈을 감고
무엇이 들리는지 집중해 보아라.
이 단순한 행동이 지혜를 열어주는
한 토막의 시간이 될 것이다.

My note

0419

If you have decided to make changes
in your life, find blogs and books that
inspire you and supportive online communities.
It's tougher to change habits surrounded
by people who don't want to change.

삶의 변화를 원한다면,
당신에게 영감을 주는 블로그나 책을 찾아보고
온라인 커뮤니티에 가입해 보아라.
변화를 원하지 않는 사람들로 둘러싸인 채
습관을 바꾸기는 어렵다.

My note

0420

Being extremely busy may mean that you
haven't made the best choices to prioritise
what is most important.
Be clear today about your priorities
and give yourself space to do them
with your full attention.

☀

매우 바쁘다는 것은
일의 우선순위를 정하지 않았다는 것과 같다.
오늘, 일의 우선순위를 정하고
최대한의 집중력을 발휘해 처리해 보자.

My note

0421

If you plan to go for a walk or run today,
don't take music.
Allow the quiet to give you space
and opportunities for your thoughts
and wisdom to surface.

산책을 가거나 조깅을 할 예정이라면,
오늘 음악은 집에 두고 가라.
생각과 지혜가 떠오를 수 있게
자신에게 조용한 여유를 내어주자.

My note

0422

Make time for the people who are closest to you.
Sometimes our children and partners
experience our grumpy, tired selves so be
attentive and loving.

가장 가까운 사람들을 위한 시간을 내어라.
때때로 짜증나고 피곤한 당신을
당신의 아이나 부모님은
관심과 사랑으로 감싸주고 있다.

———————————————————————— *My note*

0423

Plan a reorganisation of your work surroundings.
Create a tranquil space so you can fully focus
on your tasks, be more productive
and waste less time.

근무 환경을 재정비하라.
고요한 공간을 만들어
당신의 업무에 온전히 집중하여
생산성을 늘리고 시간낭비를 줄여라.

My note ────────────────────────

....

....

....

0424

Try a yoga, t'ai chi or chi kung class.
These gentle ways of movement combine
the wisdom of their history with the
mindfulness they encourage you to bring
to your physical body.

요가나 태극권과 같은 수업에 참석해 보아라.
이 동작 속 부드러운 움직임은
흐트러진 마음과 지혜를 한데 모으고,
몸과 정신을 통일시키는 데 도움이 된다.

———————————————————————— *My note*

0425

You don't always need to have the last word.
If there is someone who presses your buttons,
either at work or within your family,
be curious as to why you feel strong
reactions to them.

언쟁 끝에 꼭 한마디를 덧붙일 필요는 없다.
누군가 당신을 화나게 할 때,
당신이 상대에게 왜 격렬한 반응을 보이는지를
먼저 생각해 보아라.

My note ───────────────────────

....

....

....

0426

Earth Day: Plant a tree.
This is a contribution to the environment
and symbolises your positive acceptance
and trust that it may continue to grow to
magnificence even after you have gone.

☀

지구의 날: 나무를 심어라.
이것은 환경에 기여하는 길이자,
당신이 세상을 떠난 후에도
나무는 계속 자랄 것이라는
아름다운 믿음을 상징하는 행동이다.

My note

0427

See your life with wise eyes – be open to new ideas and collaboration.

현명한 시각으로 삶을 대하라.
개방적인 마음으로 새로운 의견을 받아들이고
타인과 협력하라.

My note

0428

Life is tough but we all have the chance to shine.
Listen to a piece of music or read a poem
to remind yourself that you can be wise
and inspiring.

삶은 힘들지만
누구에게나 자신을 갈고 닦을 순간은 있다.
음악을 듣거나 시를 읽으며 영감을 얻고
지혜로워질 자신의 모습을 되새겨라.

―――――――――――――――――――― *My note*

0429

Take special notice of your actions today and
give yourself time to explore the reasons and
meanings of your choices.
This is how personal transformation occurs.

자기 자신의 행동에 특히 주의하고
당신이 내린 선택의 이유와 의미를 탐색해 보아라.
이것이 바로 개인의 변화를 일으키는 방법이다.

My note

0430

'Philosophy' is composed of the Greek word
philo meaning 'the love of'
and sophia meaning 'wisdom'.
Continue your journey of wisdom relishing
every aspect of learning.

'필로소피(philosophy, 철학)'는
'사랑'을 의미하는 그리스어 필로(philo)와
'지혜'를 의미하는 소피아(sophia)가 결합된 단어다.
다양한 배움을 즐기면서 지혜로의 여행을 계속하라.

--- *My note*

....

....

....

5월

May

0501

Simple and mundane tasks,
such as doing the washing-up
and tidying your home can seem humdrum.
Complete them with focus and attention
and they become opportunities for peace
and acceptance.

☀

설거지나 물건 정리 같은 단순하고 재미없는 일들은
따분하게 느껴질 수도 있다.
그러나 도리어 관심을 갖고 집중하여 마무리하고 나면,
지루한 일도 평온하게 받아들이는
수용의 기회가 될 것이다.

My note

0502

On waking today, notice your thoughts.
Be aware of following the same habits
that lead to dissatisfaction.
This is the first step to making positive
changes in your life.

☀

잠에서 깨면, 생각을 확인해 보아라.
나를 실패로 이끄는 똑같은 습관들을
계속 반복하고 있지는 않은지 살펴보아라.
그것은 당신의 삶에 긍정적인 변화를 가져다주는
첫 번째 단계가 되어줄 것이다.

───────────────────────────── *My note*

0503

Plan to walk a big hill or mountain.
At the top you'll see things from a different angle.
Allow yourself time up there to explore issues
in your life that could benefit from a
fresh approach.

큰 언덕이나 산에 오를 계획을 세워보아라.
꼭대기에 올라서면
많은 것이 색다른 시각으로 보인다.
이곳에서 삶 속 문제들에
새롭게 접근할 시간을 갖자.

My note

0504

The women of Bengal use the folk art of
stitching pictorial stories onto their quilts,
depicting their feelings, dreams
and wisdom for future generations.
Can you create something
that expresses yourself?

☀

벵갈의 여성들은 민속 바느질 예술을 통해
다음 세대를 위한 그들의 감정, 꿈, 지혜를
퀼트 위에 그림으로 표현한다.
당신은 자신을 표현할 무언가를 만들 수 있는가?

My note

0505

Wisdom is like perfection - you may aspire
to it but never reach it.
Be OK with that.

☀

지혜는 완벽함과도 같다.
갈망하지만 결코 도달할 수는 없다.
이 사실을 받아들여라.

My note

0506

Plan a day with friends learning a new activity
like rock climbing, surfing or canoeing.
It can be a way to build your courage
and strength, offering a great challenge that's
out of your comfort zone.

친구와 함께 암벽 등반이나 서핑, 카누와 같은
새로운 활동을 하라.
익숙한 편안함에 도전장을 내밀고
당신에게 용기와 힘을 불어넣을 좋은 방법이다.

My note

0507

Relax your shoulders and empty the thoughts
running round in your mind.
Wisdom comes when you're at peace.

어깨의 긴장을 풀고
마음속을 어지럽히는 생각을 비워내라.
지혜는 평화로울 때 찾아온다.

My note

0508

Stretch your mind, it's more elastic
than you think.
This could be simply by saying yes to
something you would ordinarily say no to.

생각하는 것보다 당신의 마음은 훨씬 더 유연하다.
평소 아니오 라고 대답하는 질문에
간단히 네 라고 답하는 것만으로도
마음을 유연하게 만들 수 있다.

My note

0509

Be mindful today – choose to return to the
present moment when you notice your
thoughts have become nostalgic about
the past or anxious for the future.

미래에 대한 불안이나 과거에 대한 그리움이
당신의 머릿속을 지배할 때는
현실에 집중하고자 하는 노력을 하라.

My note

0510

Runes are an ancient alphabet consisting of
symbols used by the Vikings to divine wisdom
and meaning in all of their everyday experiences.
Trust your own intuition as it is your
personal path to wisdom.

룬 문자는 바이킹이 그들의 신성한 지혜와
일상 경험을 표현하는 데 사용한
기호로 구성된 고대 알파벳이다.
당신의 직감이 지혜의 길을 열어줄 것이니
자신을 믿어라.

My note

0511

If today is turning out to be challenging,
remember that life will always
have its ups and downs.
Try writing a list of potential ways to turn
the negatives into positives.

오늘 하루가 힘들었다면,
삶은 항상 좋은 일과 나쁜 일이
함께 있다는 것을 기억하라.
부정적인 일을 긍정적으로
바꿀 수 있는 방법을 적어보아라.

My note ───────────────────

0512

Any fool can criticise, condemn
and complain, and most fools do.

비판과 비난, 불평하는 것은
어떤 바보라도 할 수 있고,
대다수의 바보들이 그렇게 한다.

− 벤저민 프랭클린(Benjamin Franklin) −

My note

0513

Knowing others is intelligence;
knowing yourself is true wisdom.

다른 사람을 아는 자는 현명하다.
자신을 아는 자는 깨우친 자이다.

- 노자(Lao Tzu) -

My note

0514

Throughout the day ask yourself,
'Am I acting wisely now?'

오늘 하루를 보내면서 자신에게 물어보아라.
'나는 지금 현명하게 행동하고 있는가?'

My note

0515

Turtles and tortoises are regarded
as symbols of wisdom and patience
in folklore all over the world.
Find a keepsake to remind you of this.

바다거북과 육지거북은 전 세계 민속자료에서
지혜와 인내의 상징으로 여겨진다.
당신에게 지혜와 인내를 상기시켜줄
거북 모양의 기념품을 찾아보자.

My note ─────────────────────────

0516

Be yourself - the real you is irresistibly unique.
Rejoice in your favourite music, individual style,
the hobbies you love and your personal world.

☀

자신감을 가져라. 당신은 매우 특별하다.
좋아하는 음악, 자신만의 스타일, 취미 등
당신이 사랑하는 것들과 당신만의 세계를
마음껏 누려라.

My note

0517

Unlearning old habits can be painful
but it's necessary to challenge assumptions
and stale ways of thinking.
What might you do differently today?

오래된 습관을 바꾸기는 힘들지만
낡은 사고방식과 편견을 버리는 일은 필요하다.
오늘 당신은 어떤 일을 다르게 해볼 것인가?

My note

0518

Go outside – take notice of nature's wisdom.
All happens in good time;
the sun doesn't set before it needs to
and the flowers bloom at precisely
the right moment.

☀

밖으로 나가 자연의 지혜를 깨달아라.
모든 자연 현상은 정확한 시간에 일어난다.
태양은 자신이 저물어야 할 시간 전에는 숨지 않으며,
꽃은 자신의 얼굴을 드러내야 하는
정확한 순간에 피어난다.

My note

0519

Learn lessons from history – yours and
that of humankind.
If you are able to, find out more
about your own family tree
and the lives your ancestors lived.

역사로부터 교훈을 배워라.
당신뿐만 아니라 전 인류에 대해서도.
가능하다면 당신의 가족과 조상들이 살았던 시절의
역사도 더 찾아보아라.

My note

0520

Make space in your day to think about
the plans you need to make if you want
something in your life to change,
otherwise they won't.

☀

인생에 변화를 일으키고 싶다면,
오늘 생각할 시간을 내어
어떤 변화가 필요한지 계획을 세워라.
그렇지 않으면 당신에게 일어날 변화는 없다.

My note

0521

The older I grow, the more I distrust the
familiar doctrine that age brings wisdom.

나이가 들수록
나는 연륜이 지혜를 가져다준다는
익숙한 통념을 더욱 불신하게 되었다.

- 헨리 루이스 멩켄(H. L. Mencken) -

My note

0522

The desire to reach for the stars is ambitious.
The desire to reach hearts is wise.

별을 잡고자 하는 바람은 야망이다.
마음을 잡고자 하는 바람은 지혜이다.

– 마야 안젤루(Maya Angelou) –

My note

0523

If you are working with others today
and have difficult issues to resolve,
examine these challenges from all sides.
Listen carefully to everyone's views.

오늘 누군가와 함께 일하면서
해결하기 어려운 난관에 부딪혔다면,
이 문제를 다방면으로 검토하라.
모든 사람의 관점을 주의 깊게 들어보아라.

My note ───────────────

0524

Focus your mind today to find some beauty
in everything around you.
You could be in the noisiest, busiest,
most polluted city in the world
but it can be found.

☀

오늘 마음을 집중하고 주위 모든 것에서
아름다움을 찾아보아라.
당신이 사는 지역이 매우 시끄럽고 정신없고,
심지어 오염된 도시라 하더라도
어딘가 아름다움은 존재한다.

My note

0525

Remember this little trick – focus on the positive
and it will spread to others.

이 작은 트릭을 기억하라.
긍정적인 마음은 주변 사람들에게 퍼진다.

My note

0526

Don't forget you are a human being not
a human doing.
Scatter moments of tranquillity throughout
your day to reclaim your balance,
from extra slow breaths to a walk
round the block.

☀

당신은 행위자가 아닌 존재자라는 것을 명심하라.
천천히 심호흡하고 산책을 하는 등
평온한 순간들로 하루를 채우면서
삶의 균형을 되찾아라.

My note

0527

An act of kindness can provide the most
memorable moment in a person's day.
Be alert to opportunities to practise
the true value of this.

친절을 베푸는 행위는
일상에서 가장 기억에 남는 순간이다.
이 진정한 가치를 실현할 수 있는
기회를 놓치지 마라.

My note ───────────────────────

....

....

....

0528

You have been given a life,
what do you choose to do with it?
Mull this question over today
and look out for signs that may indicate
a new direction you could take.

☀

당신은 주어진 삶으로 무엇을 할 것인가?
오늘 이 질문을 심사숙고하고
삶의 새로운 방향을 정하는 데
도움이 될 길잡이를 찾아보아라.

My note

0529

Be willing to take on risks even when the
outcome may be uncertain.
Approach today with bravery and alertness.

결과에 확신이 없어도 위험을 감수하라.
용기와 민첩함을 지니고 오늘 하루를 시작하라.

My note

0530

Do not assume a single thing.
Today ask yourself if there is something
in your life that you need to re-evaluate.

☀

어떤 것도 단정 짓지 마라.
당신이 가진 편견 중에서
오늘 재평가가 필요한 부분이 있는지
골똘히 생각해 보아라.

My note

0531

It is said that Buddha found enlightenment
and wisdom as he sat beneath the Bodhi Tree.
Find a tree you enjoy sitting beneath
and make it your place to experience calm.

부처는 보리나무 아래에서
계몽과 지혜를 얻었다고 전해진다.
좋아하는 나무 아래에서
자신만의 평온한 체험을 하라.

My note

6월

June

0601

Be aware when you find you are putting up
defences through comfort eating,
drinking extra alcohol or working late again.
Keep a diary to decipher how your
emotions are linked to your habits.

음식을 먹으며 스스로를 위안하거나,
과음과 야근을 하면서
자신을 또 다시 나쁜 습관에
가두고 있지 않은지 주의하라.
자신의 감정이 습관과 어떻게 연결되어 있는지
일기를 쓰면서 분석해 보아라.

My note ───────────────

....

....

....

0602

Being wise is no use to you unless you put
it into practice, and better still, share it.
Friends and family get to benefit,
and in turn, you can learn from them.

☀

실천하지 않는 지혜는 쓸모없고,
나눌수록 더욱 좋은 것이 지혜다.
지혜를 발휘해 친구와 가족을 도우면
훗날 당신 역시 그들의 지혜를
배울 기회가 있을 것이다.

——————————————————————— *My note*

0603

Start your day listening to a different radio
station from usual and continue making
alternative choices as your day opens up.
Shake yourself free from your usual habits!

평소와 다른 라디오 채널을 들으며
하루를 시작해 보아라.
그리고 매일 다른 선택을 해보아라.
평소 습관으로부터 스스로를 깨우자!

My note

0604

Wisdom is a state of mind.
To develop wisdom you must be clear
about your own set of values.
These will infuse all that you say and do.

☀

지혜는 우리의 마음을 대변한다.
지혜를 드높이고자 한다면
자신의 가치관을 확고히 하는 것이 중요하다.
가치관은 말과 행동에 스며들기 때문이다.

My note

0605

Go somewhere nearby you have
never visited before.
Let this mini adventure awaken you to
new experiences and fresh scenery.

한 번도 가보지 않은 곳을 가보아라.
이 작은 모험이 당신을 새로운 경험과
생생한 풍경으로 안내할 것이다.

My note ────────────────────────

....

....

....

0606

Keep going at your own pace,
steady and grounded, like the wise tortoise.

지혜로운 거북이처럼,
당신만의 페이스로
한걸음씩 꾸준히 나아가라.

―――――――――――――――――――――― *My note*

0607

Hindsight can allow all of us to be wise!
List every good thing happening in your life
right now, allowing today's abundance to
triumph over all your past mistakes.

뒤늦은 깨달음을 통해
우리는 한층 더 지혜로워진다.
지금 당신의 삶에서
긍정적인 일들을 모두 적어보고,
과거의 실수는 긍정적인 마인드로 극복하라.

My note ───────────────────────

....

....

....

0608

A wise person brings out the best in another,
and overlooks their faults.
Make a big effort to try this today.

☀

현명한 사람은
상대방의 능력을 최고로 끌어내고
그의 잘못에 눈감는다.
오늘 추가적인 노력을 통해 이를 실천해 보자.

———————————————————————————— *My note*

0609

Make each day both useful and pleasant,
and prove that you understand the worth
of time by employing it well.

하루하루를 유용하고 즐겁게 보내라.
그리고 시간을 현명하게 쓰면서
당신이 시간의 소중함을
알고 있다는 것을 증명하라.

– 루이자 메이 올컷(Louisa Alcott) –

My note

0610

Never mistake knowledge for wisdom.
One helps you make a living,
the other helps you make a life.

지식과 지혜를 혼동하지 마라.
하나는 생활을 위한 수단이고,
다른 하나는 삶을 위한 수단이다.

- 산드라 캐리(Sandra Carey) -

My note

0611

As you begin a new project take your time;
haste may only bring short-term advantages.
Be discerning enough to know that a measured
approach will bring a better accomplishment
in the long term.

☀

새로운 프로젝트를 시작할 때
충분한 시간을 투자하라.
서두르면 단기적인 효과만 있을 뿐이다.
신중한 접근이
장기적으로 더 나은 성취를 가져오니
충분한 식견을 길러라.

My note ───────────────────────

0612

The phrase 'putting yourself in another's shoes' is a reminder for us all — everybody's views have blind spots so listen and learn.

'다른 이의 입장에서 생각하라' 는 말은,
모든 사람의 관점은 반드시 맹점이 있으니
상대방의 의견에 귀 기울이고
배움을 얻으라는 것을 알려준다.

--- *My note*

0613

If today is already looking fraught try not
to make any important decisions.
Box them away and revisit them when you
have a clearer, more logical outlook.

오늘 일이 제대로 풀리지 않는다면
중요한 결정은 아무것도 내리지 마라.
그 일을 잠시 놓고,
더 명확하고 이성적인 사고를 할 수 있을 때
다시 생각하라.

My note ─────────────────

0614

Awake each morning and know that
every day is full of potential.
Go for it!

아침에 눈을 뜨면,
일상은 잠재력으로 가득 차 있다는 것을
기억하라.
도전하라!

My note

# 0615

Look to future consequences of your actions
as they can have far-reaching results.
Get as much advice as you can if you are
in the process of making important
decisions in your life.

☀

당신이 선택하는 행동이
미래에 지대한 영향을 미칠 수도 있으니 신중하라.
인생의 중요한 결정을 앞두고 있다면
최대한 많은 조언을 구하라.

My note ────────────────────────────

0616

Wisdom ranks as one of the six ingredients
required for happiness alongside sincerity,
integrity, humility, courtesy and charity.
Write these words out and stick them on your
computer or fridge door as daily reminders.

☀

지혜는 정직, 진실, 겸손, 예의, 자선과 함께
행복을 위한 6가지 요소 중 하나이다.
이 단어들을 매일 볼 수 있도록
컴퓨터나 냉장고에 써 붙여두자.

My note

0617

We are constantly learning but we must
continually unlearn too.
Notice which of your bad habits feel
almost impossible to stop!
This is the first step to making positive changes.

☀

우리는 끊임없이 배우지만
이미 배운 것을 잊어버릴 필요도 있다.
당신의 나쁜 습관이 얼마나 끊기 힘든지 보아라!
나쁜 습관을 버리는 것은
긍정적 변화를 위한 첫걸음이다.

My note

0618

Be an observer today – of others and of yourself.
Recognising other people's reactions
and emotions can provide helpful insights
about how to approach difficult situations.

☀

오늘 관찰자가 되어라.
다른 사람을 관찰하고 나를 관찰하라.
상대방의 반응과 감정을 이해하는 것은
어려운 상황에 대처하는 데
도움이 되는 통찰력을 길러준다.

―――――――――――――――――――― *My note*

0619

Collective wisdom is a historical pool of
experience, patterns and knowledge to
which we all belong.
Watch a film from another part of the world
to gain a new perspective.

공동의 지혜는 우리가 속한 경험, 패턴, 지식의
역사적 모음이다.
세계 각국의 영화를 감상하면서
새로운 관점을 넓혀라.

My note ─────────────────────────

....

....

....

0620

Value opportunities you may have to get
feedback and opinions from work colleagues,
friends and family.
A deeper perspective is more likely
to yield a wiser, all-round outcome.

☀

직장동료나 친구, 가족의 의견과 피드백을
받을 수 있는 기회를 소중히 하라.
더 깊은 관점은
더 현명하고 원만한 결과를 낳을 가능성이 높다.

My note

0621

World Music Day:
Choose a piece of classical music; something
totally new to you or a favourite.
Listen to it without any distractions and allow
the sound to open your mind and heart.
Carry this with you into your day.

세계 음악의 날:
클래식 음악 중에서 완전히 새로운 종류,
또는 가장 좋아하는 곡을 골라라.
어떤 방해도 받지 않는 장소에서
음악을 들으며 정신과 마음을 열어라.
오늘 하루를 음악과 함께하라.

My note ─────────────

0622

Read about other cultures and worldwide organisations to expand your understanding and dispel any limited thinking you may have. You could set yourself this as a long-term challenge!

☀

다른 문화와 다양한 세계 기구에 대해 알아보고
세계관을 넓혀라.
당신이 가지고 있을지 모르는
편협한 생각을 버려라.
이를 장기간에 걸쳐 실행해 보자!

My note

0623

Replace one of your usual coffees or teas
with a herbal or green tea today.
Be very aware of how challenging this might
be and open up to these small changes.

평소 마시던 커피를
오늘은 허브나 녹차로 바꿔보아라.
이 단순한 변화를 일으키는 것이
얼마나 어려운지 잘 느껴보고,
작은 변화들을 유연하게 받아들여라.

My note ───────────────────────

....

....

....

0624

Become a world expert on you!
You can help this process along by writing
down thoughts and ideas regularly
in a notebook or journal.

자기 자신에 대해 전문가가 되어라!
생각과 아이디어를
규칙적으로 일기나 노트에 적어보면
자신을 알아 가는 데 많은 도움이 된다.

My note

0625

Ayurveda is the wisdom of traditional
Hindu medicine meaning 'knowledge of life'.
It combines the well-being of body,
mind and spirit balanced alongside nature.
Find a local specialist to help you
with replenishing Ayurvedic treatments.

☀

아유르베다는 '삶의 지식'이라는 뜻을 가진
전통 힌두 의학의 지혜를 가리키는 말이다.
아유르베다는 몸, 마음, 정신이
자연과 조화를 이루게 하고 건강함을 추구한다.
전문가를 찾아
아유르베다 요법으로 몸을 재충전 해보아라.

My note

....

....

....

0626

Few problems are solved alone.
If you cannot share with a friend,
seek counselling to help shift any burden
that might be weighing you down.
Wisdom is not afraid to ask for support.

☀

저절로 해결되는 문제는 거의 없다.
친구와 나눌 수 없는 고민이라면
상담사를 찾아가 당신을 짓누르고 있는
마음의 짐을 나누어라.
도움을 요청하는 것을 두려워하지 않는 것이 지혜다.

My note

0627

Our deepest needs are universal and since
peace is undeniably one of them, recite to
yourself as often as you can remember today,
'I breathe in peace, I breathe out peace.'

사람들의 가장 깊은 욕구는 인류가 공통적이며,
평화는 틀림없이 그중 하나이다.
오늘 틈틈이 생각날 때마다
'나는 평화를 수용하고, 평화로움을 추구한다.' 라고
읊어보아라.

My note ───────────────────────

0628

Sometimes it helps to just stop
and listen to birdsong from outside.
It allows you to reconnect with nature
and to what is real and true.

☀

가끔 하던 것을 멈추고
창 밖에서 새가 지저귀는 소리에
귀 기울여 보아라.
자연과 하나가 된 느낌과 생생함을 느껴보아라.

My note

0629

Knowledge is proud that he has
learn'd so much;
Wisdom is humble that he knows no more.

많이 배웠다고 뽐내는 것은 지식이요,
더 이상 모른다고 겸손해 하는 것은 지혜이다.

- 윌리엄 카우퍼(William Cowper) -

My note

0630

Knowledge comes but wisdom lingers.

지식은 곧바로 오지만, 지혜는 더디게 온다.
- 알프레드 로드 테니슨(Alfred Lond Tennyson) -

———————————————————————— *My note*

Memo

7월

JULY

0701

Certainty is an illusion as life often unfolds
in unexpected ways.
Do something unexpected for others today.

삶은 종종 예상치 못한 방향으로 펼쳐지기에,
삶에 대해 확신하는 것은 환상을 꿈꾸는 것과 같다.
타인을 위해 오늘 예상치 못한 일을 해보아라.

My note

0702

Make the most of opportunities to enjoy
beautiful summer evenings, experiencing
calm contentment and a sense of quiet joy.

잔잔한 만족감과 조용한 기쁨을 느끼며
아름다운 여름밤을 마음껏 즐겨라.

My note

0703

When facing challenges, discern the difference between what you can change and what can't be changed.
Address the things that are in your control.

시련을 겪고 있을 때,
당신이 바꿀 수 있는 것과
그렇지 않은 것을 구별하라.
당신이 통제할 수 있는 것에 대해 고심하라.

My note ─────────────────────────

....

....

....

0704

Allow yourself time to enjoy the warmer summer days by sitting outside on your break time or having a lunchtime picnic.

오후에 피크닉을 가거나
여유 있는 시간에 밖에 앉아서
한층 따뜻해진 여름을 즐겨라.

My note

0705

Find out more about solar panelling or other
energy-saving ideas and inform yourself
about lifestyle alternatives.
The choices we all make today are
what create the future world.

태양 전지판과 같은
에너지 절약 아이디어를 찾아보면서
생활 속에서 실천할 수 있는 방법이 있는지
알아보아라.
오늘 우리가 하는 선택이 미래를 만든다.

My note

0706

The foolish man seeks happiness in the
distance, the wise grows it under his feet.

어리석은 사람은 행복을 멀리서 찾고,
현명한 사람은 가까운 곳에서 행복을 키워간다.
- 줄리어스 로버트 오펜하이머(J. Robert Oppenheimer) -

My note

0707

A loving heart is the truest wisdom.

자애로운 마음이 진정한 지혜이다.
- 찰스 디킨스(Charles Dickens) -

My note ───────────────────────

....

....

....

0708

A good way to unwind from a challenging day
is to stand barefoot in the lush summer grass.
Allow nature to support you as you make
choices based on wisdom rather than
superficiality.

☀

풍성한 여름 잔디 위를 맨발로 걷는 것은
힘든 하루의 긴장을 푸는 좋은 방법이다.
자연의 기운을 받아 겉으로 보이는 것이 아닌
내면의 지혜로 고민을 해결하라.

———————————————————————————————— *My note*

0709

Reading a good biography can give you
insights into another person's experiences.
You can draw parallels with your own life,
or learn from their life events.

좋은 자서전을 읽으면
타인의 경험에서 통찰력을 얻을 수 있다.
그들의 삶과 당신의 삶을 비교해볼 수도 있고,
그들의 생활에서 배울 점을 찾을 수도 있다.

My note

0710

Be passionate about something that you do.
Your enjoyment and sharing of that can be
an inspiration to others.
Ask yourself what you like doing best in life.

당신이 하는 일에 열정을 가져라.
자신의 일을 즐기고 그 즐거움을 나누는 것이
다른 이들에게 영감을 준다.
자신의 삶에서 어떤 일을 가장 좋아하는지
곰곰이 생각해 보아라.

My note

0711

You know you have gained wisdom
when you recognise the old negative version
of you in other people's behaviour.
Give yourself a moment today for reflection
about how you are evolving.

☀

다른 사람의 나쁜 행동에서
과거 자신의 모습을 발견할 때,
당신에게 지혜가 생겼다는 것을 깨달을 수 있다.
오늘, 당신이 그간 얼마나 발전해 왔는지
스스로 반추해 보아라.

My note ───────────────────────

....

....

....

0712

A reminder today to take a wise approach to
challenges: stay calm with slow, centred breaths.
Open an extra window to breathe
in the fresh summer air.

오늘 기억할 말은
시련에 현명하게 대처하라는 것이다.
느린 호흡에 집중하고 차분함을 유지하라.
창문을 활짝 열고 상쾌한 여름 공기를 들이마셔라

My note

0713

Good old-fashioned words of wisdom:
Always be polite!

훌륭한 옛 지혜 한마디:
항상 예의를 갖추어라!

My note

0714

An optimist is a person who sees a green
light everywhere.
The pessimist sees only the red light.
But the truly wise person is colour-blind.

낙관론자는 어디서든 청신호를 본다.
비관론자는 적신호만 본다.
그러나 진정 현명한 사람은 색맹이다.

- 알베르트 슈바이처(Albert Schweitzer) -

My note

0715

A wise man is superior to any insults which
can be put upon him, and the best reply to
unseemly behaviour is patience and moderation.

현명한 사람은
그를 속일 수 있는 어떤 모욕에도 굴하지 않으며,
그 부적절한 행동에 대한 가장 좋은 응대는
인내와 절제이다.

- 몰리에르(Moliere) -

My note

0716

The great Native American chiefs foretold
the fundamental need for conservation
to ensure the balance of life on earth.
Join one of the many conservation
or wildlife groups in support of our earth.

위대한 아메리카 원주민 족장은
모든 생명체의 균형을 보존하기 위해
기본적인 욕구만 충족해야 한다는 것을
진즉에 강조했다.
지구를 보호하는 환경보호 단체나
야생동물 후원 단체에 가입하자.

My note

0717

Find sources of wisdom that you can turn to in
times of need – this could be a trusted friend
or a book whose author you respect.

필요할 때 의지할 수 있는
지혜의 원천을 찾아두어라.
친구여도 좋고 당신이 존경하는
작가의 책이어도 좋다.

My note

0718

Humans strongly dislike being wrong.
A wise reaction embraces the capacity
to admit you could be wrong.

사람들은 자신의 의견이 틀렸다는 것을
인정하지 않으려 한다.
당신도 틀릴 수 있다는 것을
수용하는 자세야말로 현명한 대응이다.

My note

0719

Plan a trip to the swimming baths, lido or sea
and surrender your tensions to the water,
floating and yielding to the water's support.
Bring this willingness to surrender
with you into your day.

☀

수영장이나 해변 휴양지로 여행 계획을 세워보아라.
물의 흐름에 몸을 맡기고 떠다니며 긴장을 풀어라.
물이 주는 즐거움에 당신의 몸을 맡겨라.

My note

0720

Embrace opportunities from the smallest action to the biggest of challenges – take on life in all its forms as you head into today.

☀

아주 작은 것부터 매우 큰 도전까지
모든 기회를 놓치지 마라.
오늘도 다양한 형태로 다가오는 삶을
기꺼이 맞이하라.

My note

0721

Writing regularly in a journal is a great
way to reflect on your experiences and choices,
offering perspective and increasing your wisdom.

규칙적으로 일기를 쓰는 것은
당신의 경험과 선택을 돌아보는
아주 좋은 방법이다.
일기는 당신의 관점을 넓히고 지혜를 길러준다.

My note

0722

Be willing to focus on unravelling pertinent
threads of detail today, but without
forgetting the bigger picture.

☀

세부적인 일의 맥락을 푸는 데 집중하되,
큰 그림을 잊지 마라.

———————————————————————— *My note*

0723

Give yourself the opportunity to correct your mistakes, even if it's just to repaint the bedroom from bright magenta to calming blue.

☀

실수를 스스로 바로잡는 기회를 가져라.
당신 방의 붉은색 벽지를
차분한 푸른색으로 바꾸는 것처럼
사소한 것이라도.

My note

0724

The wisdom of the Australian
Aboriginal peoples includes the term dadirri,
meaning 'deep listening'.
It is the connection we make deep within our
hearts and results in a quiet, still awareness.

☀

호주 원주민에게 지혜는
'진정한 경청' 이라는 의미의 단어,
다디리 라고 불린다.
다디리는 마음과 마음을 잇는 깊은 교감이며,
차분하고 고요한 깨달음을 이끌어낸다

My note

0725

Make plans for what you wish to accomplish
in life with a 'bucket list'.

'버킷 리스트'를 만들어
삶에서 성취하고자 하는 계획을 세워보아라.

My note ─────────────────────

....

....

....

0726

Some of the wise things we learn with age are
incommunicable to someone in their youth.
Be patient the next time you are in this
situation and try to help them understand.

우리가 나이가 들면서 깨우치는 지혜는
젊은 사람들과 공감할 수 없는 것도 있다.
인내심을 갖고
그들이 이해할 수 있도록 도와줘라.

My note

0727

Any kind of fighting or war is a sign
that humans have not referred to wisdom.
Bear that in mind next time you feel the urge
to shout in anger; take a pause and refrain!

모든 불화와 싸움은
인간의 어리석음을 드러내는 징후이다.
이 사실을 항상 염두에 두고,
화가 나서 소리치고 싶을 때는
잠시 멈추고 참아보아라!

My note

0728

Start a gratitude diary where you jot down
every blessing in your life.
If you're really observant it won't take long
to fill the pages of your diary.

☀

인생을 살면서 좋았던 일에 대한
감사 일기를 써보아라.
당신이 관찰력 있는 사람이라면
일기 한 장을 채우는 것이
그리 어렵지 않을 것이다.

My note

0729

Are you surrounded by advancing science and
technology in the form of Internet connections,
smartphones, tablets and e-readers?
Slow down and find time to write a letter
to a friend or relative.

☀

당신은 인터넷, 스마트폰, 태블릿, 전자책에
둘러싸여 있는가?
잠시 놓아두고
친구나 가족에게 편지 쓸 시간을 마련하라.

My note ────────────────────────

....

....

....

0730

Plan a picnic or barbeque so that
you an enjoy being outside in nature along
with family and friends.
It's a wise decision to give yourself time to
appreciate the important things in life.

☀

가족이나 친구와 함께
자연 속에서 시간을 보낼 수 있는
피크닉이나 바비큐를 계획하라.
당신의 삶에서
소중한 사람들에게 감사를 표현할 수 있는
이런 기회는 현명한 결정이다.

―――――――――――――――――――――― *My note*

0731

Go for a walk where you can escape from
the humdrum of everyday life
and let your mind breathe.

일상의 따분함에서
벗어날 수 있는 곳을 산책하며
마음을 숨 쉬게 하라.

My note

8월

August

0801

The lion represents power, wisdom and justice.
If you love wild cats like the lion,
place a photo or painting of one nearby to
remind you of your inner wisdom and strength.

사자는 용기, 지혜, 정의를 상징한다.
사자와 같은 야생동물을 좋아한다면
이들의 그림이나 사진을 근처에 놓아두고
내면의 지혜와 용기를 기억하라.

My note

0802

Look out for the marvellous and the beautiful
in unexpected places.
Embrace all your senses as you sit and
people-watch from a cafe or on a park bench.

예상 밖의 장소에서
경이로움과 아름다움을 찾아보아라.
카페나 공원 벤치에 앉아 사람들을 보면서,
당신의 모든 감각을 통해
느껴지는 것들을 받아들여라.

―――――――――――――――――――――― *My note*

0803

At the end of the day review how it went.
Decisions, obstacles and unexpected events are
all in the mix for you to see how discerning
you have been!

오늘을 마감하며
하루가 어떻게 지나갔는지 되돌아보아라.
자신이 내린 결정이나
예상치 못한 일들을 살펴보면,
스스로 얼마나 통찰력 있는
하루를 보냈는지 알 수 있을 것이다.

My note ───────────────────────

....

....

....

0804

Friendship Day:
Get some friends together and join a local pub
quiz – sharing knowledge is fun and enjoyable.
Wisdom reveals itself by choosing not to drink
too many pints.

☀

우정의 날:
친구들과 함께 모여
서로의 지식을 공유하는 즐거움을 누려보아라.
술을 조금만 마시자고 결정하는 것도
현명한 선택이다.

My note

0805

Conventional wisdom can sometimes box you in.
Even if your work is a little uninspiring,
find ways at home to be innovative,
creative and larger than life.

사회적 통념은 가끔 생각을 가둔다.
회사에서 업무가 통념에 갇혀
다소 영감이 부족하다면,
집에서는 혁신적이고 창의적인 생각을
기를 수 있는 방법을 찾아보아라.

My note

0806

Wisdom works in tandem with your heart.
Trust what you carry within, knowing that
you have a treasure to tap into by being still
and quiet.

지혜는 마음과 함께 움직인다.
내면의 힘을 믿고
조용하고 고요히 자신의 마음에 다가가라.

My note

0807

A wise person is open to seeing
good in everyone.
Take this perspective today, being generous
and good-humoured with all you meet.

현명한 사람은 넓은 마음으로
모든 사람들에게서 긍정적인 면을 발견한다.
이를 염두에 두고 오늘 만나는 모든 사람들을
너그럽고 유쾌하게 대하라.

My note

0808

Take a second out in your day to remember to
value yourself and what you do, with a deep,
clearing breath and a glance up at the
summer sky.
There is wisdom in knowing your worth.

깊은 호흡과 함께 여름 하늘을 올려다보면서
자기 자신과 자신의 일이 소중하다는 것을 깨달아라.
자신의 가치를 알아가는 과정에 지혜가 깃들어 있다.

--- *My note*

0809

Be happy.
It's one way of being wise.

행복하라.
이것이 지혜로워지는 한 가지 방법이다.

– 콜레트(Colette) –

My note

0810

A wise man makes his own decisions,
an ignorant man follows public opinion.

현명한 사람은 스스로 자신의 의견을 결정하고,
어리석은 사람은 대중의 의견을 따른다.

-중국 속담(Chinese Proverb) -

My note

0811

Involve yourself in local campaigns relating to education as we are all responsible for helping our future generations benefit from our wisdom.

청소년의 소양을 기르는 지역 행사에 참가하자.
우리는 미래 세대에 지혜를 물려줄 책임이 있다.

My note ─────────────

0812

If you are waiting to hear for results or an
outcome, sit still, know that nothing more can
be done and release your worries like a
dandelion seed on the breeze.

무언가에 대한 결과를 기다리고 있다면,
더 이상 할 수 있는 것이 없다는 것을 깨닫고
산들바람에 날아가는 민들레 꽃씨처럼
걱정을 놓아라.

My note

0813

Check through your possessions and pick out a
couple of items you could give to a charity.
It's a great way to lighten yourself of clutter
and material stuff.

가지고 있는 물건 중
몇 가지를 자선 단체에 기부하라.
잡동사니와 물건에 대한 집착으로부터
자유로워지는 좋은 방법이다.

My note

0814

A wise person takes responsibility for
their own beliefs.
Why not start discussions with a group
of friends and get everyone to share their
thoughts on big subjects like politics
and religion?

지혜로운 사람은
자신의 신념에 책임의식을 갖는다.
지인들과 함께 모여 정치나 종교와 같은
큰 주제를 두고 토론을 해보는 것은 어떨까?

――――――――――――――――――――― *My note*

0815

Spend an afternoon in the library reading up
on Ancient Greek mythology as it is steeped in
wisdom and amazing tales.

☀

놀라운 이야기와 지혜로 가득한
고대 그리스신화를 읽으며
도서관에서 오후를 보내라.

My note

0816

Give yourself time to daydream, a flash
of insight or a moment of intuition
may well follow.
If it worked for Einstein and Newton,
it can work for you!

☀

몽상하는 시간을 가져라.
통찰과 직관이 뒤따라올 것이다.
아인슈타인과 뉴턴도 몽상하며 통찰력을 얻었다.
당신이라고 못하겠는가!

My note

0817

Our lives begin to end the day we become
silent about things that matter.

우리가 중요한 문제에 대해 침묵하는 순간부터
삶은 끝을 맞이하기 시작한다.

- 마틴 루터 킹 주니어(Martin Luther King Jr) -

My note ───────────────────────────

....

....

....

0818

The highest form of wisdom is kindness.

가장 훌륭한 지혜는 친절함이다.

- 탈무드(The Talmud) -

My note

0819

Wisdom is nothing without integrity – are you
being honest with yourself and others?
Maybe it's time to sit down with somebody
and have that heart-to-heart chat.

진실성 없는 지혜는 무의미하다.
당신은 자신과 타인에게 정직한가?
오늘 누군가와 마주앉아
진정성 있는 대화를 나눠보아라.

My note

0820

Verbal repetition can help clarify an idea.
The Roman amora (spokesman) Simeon ben
Lakish would repeat any new insight 40 times
to absorb the concept fully.

반복적 말하기는 생각을 정리하는 데 도움이 된다.
로마 대변인 시미온 벤 라키쉬는
새로 익힌 지식의 개념을 완벽히 이해하기 위해서
모든 말을 40번씩 되풀이 했다.

My note

0821

Visit a church, temple or monastery in order
to spend a few hours relaxing in the subdued
and holy atmosphere.
Come away with a calm sense of wisdom
and tranquillity.

☀

교회나 절, 수도원을 방문해
차분하고 성스러운 분위기를 느끼며
몇 시간가량 휴식을 취하라.
평온함과 고요함 속에서 지혜를 얻고 떠나라.

My note ─────────────

....

....

....

0822

Although often depicted with Minerva,
the goddess of wisdom, the owl is not
actually a wise animal.
Its brain is small yet it can focus quickly
from near to far objects, making it an
excellent hunter.
Know your own strengths and build on those.

지혜의 여신 미네르바와 종종 함께 등장하는
부엉이는 사실 지혜로운 동물은 아니다.
부엉이는 작은 뇌를 가지고 있지만,
가까운 물체뿐만 아니라 먼 물체까지
빠르게 집중하는 특성 때문에
뛰어난 사냥꾼으로 불리는 것이다.
당신만의 강점과 능력을 길러라.

My note

0823

Ensure your holidays include time for you
to relax and recharge your batteries.
Plan time for walks in the countryside
and by the sea, afternoon teas, a spa visit
and time spent with family.

반드시 재충전과 휴식을 포함한 휴가를 계획하라.
시골길이나 바닷가를 걷고,
오후에 차 한 잔을 마시거나 마사지를 받는 등의
휴식을 취하며 가족들과 함께 시간을 보내라.

My note

0824

Look up at the changing clouds as a reminder
that nothing stays the same.

끊임없이 모양이 변하는 구름을 보면서
어떤 것도 변하지 않는 것은 없다는 사실을
명심하라.

My note

0825

Bake a cake to share at work.
It's a lovely way to connect with your
colleagues and everyone gets to enjoy your
baking skills!

주변 사람들과 나눠 먹을 음식을 만들어보아라.
사람들과 소통하는 좋은 방법이자,
당신의 요리 실력을 칭찬받을 기회이기도 하다!

My note

0826

Intuition is called our sixth sense.
It's an immediate source of information
enabling us to assess the truth of a situation
in an instant.
Don't forget your sixth sense today.

직관은 6번째 감각이라 불린다.
이 즉각적인 정보원은
순식간에 상황의 진실을 판단하게 해준다.
오늘 당신의 6번째 감각을 잊지 마라.

―――――――――――――――――――――――― *My note*

0827

Did you know you could increase your mental
agility through eating plenty of vitamin C-rich
foods such as blackcurrants, citrus fruit
and green vegetables?

비타민 C가 풍부한 블랙커런트나 감귤류의 과일,
녹황색 채소를 섭취하면 정신이 맑아지는 데
도움이 된다는 사실을 알고 있는가?

My note

0828

Remember you can choose to switch off the
radio and television, allowing the relative
silence to offer some peace to your soul.

☀

가끔 텔레비전과 라디오를 끄고,
고요함 속에서 내면의 평화를
찾을 수 있다는 것을 명심하라.

―――― *My note*

0829

Find a creative and light-hearted approach
to getting people on board with your ideas.
Force tends to be less successful.

당신의 의견을 관철시키기 위한
창의적이고 유쾌한 접근법을 찾아보아라.
힘을 이용한 방법은 성공할 가능성이 낮다.

My note

0830

Today imagine you are carrying
a magnifying glass.
Examine everything with caution
and notice every detail.

오늘, 돋보기를 가지고 있다고 상상하라.
모든 것을 주의 깊게 관찰하고
작은 것도 세세하게 보아라.

My note

0831

Most situations can be observed from a number
of perspectives – there's never one right way,
just a way.

☀

대부분의 상황은
다양한 관점으로 바라볼 수 있다.
수많은 길 중에 정답은 없다.

My note

9월

September

0901

Self-growth is your greatest investment.
Find out about some evening classes
and events in your area and gain twice as
much value through learning something new
and making new friends.

자기개발은 당신이 할 수 있는 가장 큰 투자이다.
당신이 사는 지역에서
저녁 강좌나 행사를 찾아보아라.
새로운 것을 배우고 새로운 사람들을 통해
지금보다 두 배 더 가치 있게 시간을 사용하라.

My note ─────────────────────

....

....

....

0902

Query your judgements today.
Taking a second glance over decisions
may help you pick up on careless mistakes.

☀

오늘 자신의 판단에 의문을 가져라.
당신이 내린 결정에 부주의한 실수가 없는지
다시 검토해 보아라.

--- *My note*

0903

Do no harm.

타인에게 피해를 끼치지 마라.

My note ───────────────────────

....

....

....

0904

Don't waste time trying to alter things
that cannot be changed.
Enjoy your vibrant life to the full.

☀

바꿀 수 없는 것을 바꾸려 시간을 낭비하지 마라.
대신 가슴 뛰는 삶을 최대한 즐겨라.

―――――――――――――――――――――――― *My note*

0905

Have you ever been horse riding?
Book a lesson to experience travelling like the
wise winged horse Pegasus of Ancient Greece.

말을 타본 적이 있는가?
승마를 배우고,
마치 고대 그리스의 페가수스에 올라앉아
여행하는 듯한 기분을 느껴보아라.

My note

0906

Make the decision that you will learn
something new from everyone you meet today.

오늘 당신이 만나는 모든 사람들로부터
새로운 것을 배우고자 다짐하라.

My note

0907

Never go to a doctor whose office
plants have died.

시든 화분이 있는 병원에 절대 가지 마라.
- 에르마 봄벡, Erma Bombeck -

My note ───────────────────────

0908

One's first step in wisdom is to question
everything – and one's last is to come
to terms with everything.

지혜로 향하는 첫걸음은
모든 것에 의문을 갖는 것이고,
마지막 걸음은
모든 것을 그대로 수용하는 것이다.

- 게오르크 크리스토프 리히텐베르크

(Georg Christoph Lichtenberg) –

My note

0909

Having a dialogue with another person is a form of conversation where each is on a level footing without creating a power dynamic. Be mindful to see if that's what you are doing today.

대화를 나눈다는 것은,
상대방과 갑을관계를 형성하지 않고
서로의 다른 견해를 나누는 것을 말한다.
당신은 오늘 이를 상기하면서
다른 사람과 대화를 하고 있는가.

My note

0910

Boost your mental performance with a daily
fish oil supplement, such as Omega 3.

오메가-3와 같은 생선기름으로 만든
보충제를 매일 섭취하며 집중력을 키워라.

―――――――――――――――――――――――― *My note*

0911

Dolphins are a symbol of wisdom and guidance.
If swimming with dolphins has always been
your dream, start planning to make
this come true.

돌고래는 지혜와 인도(引導)의 상징이다.
돌고래와 함께 수영하는 것을 늘 꿈꿔왔다면,
그 꿈을 이루기 위한 구체적인 계획을
오늘 세워보아라.

My note ───────────────────────

....

....

....

0912

Ask yourself this today,
'Am I being caring and compassionate?'

●

오늘 이 질문을 하라.
'나는 배려심과 동정심이 깊은가?'

My note

0913

Foster your wisdom by reading on sundry
themes and subjects.
You could even explore the possibility of
joining a reading club to share and discuss
everyone's viewpoints.

다양한 주제를 다룬 책을 읽으며 지혜를 길러라.
독서클럽에 가입해
다른 사람들과 의견을 나누는 것도
좋은 방법이다.

My note

0914

A kōan is an ancient puzzle or parable
presented by the Zen teacher to his students
to develop their wisdom and Zen practice.
Have some fun exploring such kōans
and the wisdom they contain.

선문답(kōan)은
선종(Zen: 불교의 종파)의 스승이 제자들에게
지혜와 선행을 가르치기 위해 고안한
고대 퍼즐이나 우화를 일컫는다.
이런 선문답에 대해 배우고 그 안에 담긴
지혜를 깨달으며 즐거움을 찾아보아라.

My note

0915

Arrange a posy of flowers in a jug
and place it where you can gaze on it frequently.
It can also provide a regular reminder
of beauty, nature and optimism.

꽃다발을 꽃병에 담아
자주 볼 수 있는 곳에 놓아두어라.
꽃은 아름다움, 자연,
그리고 긍정적인 마음을 되새기게 해준다.

My note

0916

Knowledge is a process of piling up facts;
wisdom lies in their simplification.

지식이란 사실들을 축적하는 과정이고,
지혜는 그 축적한 지식들의 단순화에 있다.

– 마틴 피셔(Martin Fischer) –

My note

0917

Wisdom is bright, and does not grow dim.
By those who love her she is readily seen,
and found by those who look for her.

지혜는 빛을 내고 어두워지지 않는다.
지혜를 원하는 자에게는 쉽게 보일 것이며,
찾고자 하는 이에게 그 모습을 드러낼 것이다.
- 지혜의 책 12-13, 구약성서
(The Book of Wisdom, 12-13, The Old Testament) -

My note

0918

Life is contained in the present moment.
Each moment makes up our lives.
Be aware today that all your moments are
how you would like them to be.

☀

현재의 순간에 삶이 담겨 있다.
이 순간들이 모여 우리의 인생을 구성한다.
순간순간에 최선을 다하여
자신이 원하는 삶을 만들어 가라.

My note

0919

A calm morning ritual allows you to start your
day from a place of advantage and sagacity.
Try introducing a few minutes of meditating,
yoga exercises or t'ai chi moves
and notice the benefits.

아침을 고요하게 시작하면
지혜로운 마음으로 하루를 시작할 수 있다.
몇 분간 명상이나 요가를 하며
당신 안의 지혜를 깨워라.

My note

0920

As you embark upon your day, approach tasks
with a whole heart and with joy, being content
that you know what you can achieve.

☀

오늘 하루를 시작할 때,
당신이 성취할 수 있는 업무에 만족하며
즐겁게 일에 몰두하라.

―――――――――――――――――――――― *My note*

0921

In West Africa, the symbol for wisdom is the
spider's web, representing the creativity
and complexities required to live a wise life.
How are you spinning your web of life today?

서아프리카에서 거미줄은 지혜를 상징한다.
현명한 삶을 사는 데 필요한
창의성과 복합성을 상징하는 것이 이 거미줄이다.
오늘 당신은 어떤 거미줄을 칠 것인가?

My note

0922

International Day of Peace:
Spend the day being peaceful.
Move gently with grace and encourage your
heart to send peaceful blessings to everyone
around the globe.

☀

국제 평화의 날:
평화로운 하루를 보내자.
감사의 마음을 담담하게 느끼며
전 세계 사람들에게 평화의 축복을 보내라.

My note

0923

Choose seasonal fruits to eat
and share with your family.
It provides a great reminder of our connection
to the earth and the miracle of fresh produce.

가족들과 함께 제철 과일을 섭취하자.
제철 과일은
신선한 농산물이 주는 경이로움이며,
자연과의 교감을 느끼게 해준다.

My note ───────────────────
....

....

....

0924

Look out for the wisdom of wonder when you
notice such marvellous things as dewdrops,
rainbows and frogs crossing your path.

아침이슬과 무지개,
또는 폴짝폴짝 뛰는 개구리 같은 사소한 것에서
자연이 주는 경이로운 지혜를 찾아보아라.

My note

0925

How can you put all your learning
to good use today?
Notice if there are instances when you
can be of service to others and explore
the option of volunteering.

당신이 배운 지혜를 어떻게 활용할 것인가?
다른 사람을 돕거나
자원봉사를 할 기회가 있는지 찾아보아라.

My note

0926

The very wisest of choices is to look
after your health.
Today make sure you are taking care of
this with diet, exercise and rest.

인생에서 가장 현명한 선택은
자신의 건강을 지키는 일이다.
오늘 식사와 운동, 휴식에
얼마나 신경 쓰고 있는지 살펴보아라.

My note

0927

You reveal your wisdom to others, not by
following them, but by being your own person.

다른 사람의 지혜를 따르지 말고
자기 스스로 깨우친 지혜를 드러내라.

My note

0928

When faced with a challenge, think back to a previous experience, remembering what you did then, and extract the wisdom from that.

문제에 부딪혔을 때,
지난 경험에서 어떻게 대처했는지 돌이켜보고
그 속에서 해결책을 찾아라.

My note

0929

Notice the tendency you might have for striving
and controlling when perhaps today
you could experience going with the flow
with ease and calm.

일상의 모든 것을 통제하려 하지 말고,
오늘만큼은
물 흐르듯 순조롭고 차분한 하루를 보내라.

My note ──────────────────────────

....

....

....

0930

Be compassionate and kind towards yourself
and that will naturally spill out to everyone
else you meet.

온화하고 다정한 마음으로 자신을 대하라.
이 마음은 자연스레 당신의 주변 사람들에게도
전해질 것이다.

My note

Memo

10월

October

1001

Observe the changing colours on the trees,
knowing that nature reflects the seasons
in your life.

변해 가는 나뭇잎의 색깔을 보며
자연이 당신의 인생의 계절을
반영하고 있다는 것을 깨달아라.

My note ──────────────────────

....

....

....

1002

Be kind to yourself.
Book time off to do what you love, so that
you can return to your work energised and
refreshed with a new perspective on things.

☀

자기 자신을 소중히 하라.
좋아하는 것을 하며 시간을 보내고 나면,
새로운 마인드로 활기차게 일터로 향하는
자신을 발견할 것이다.

———————————————————————— *My note*

1003

Technology provides a myriad of convenient
ways to learn new skills and knowledge,
by using a specialised app or software,
or enrolling on a distance learning course.
Spend an evening exploring your options.

특화된 어플리케이션이나 소프트웨어
또는 온라인 학습을 통해
기술은 우리가 새로운 능력과 지식을
배울 수 있는 무궁무진하고 편리한 방법들을
제공해 준다.
오늘 저녁 그런 선택안들을
직접 탐험해 보는 것은 어떨까.

My note ───────────────

....

....

....

1004

World Smile Day:
Smile at strangers today and see the wisdom
and light in the eyes of other people.
Notice what results this brings.

☀

세계 미소의 날:
모르는 사람들에게 미소를 짓고
그들의 눈에서 지혜와 빛을 발견하라.
이것이 어떤 결과를 가져오는지 주목하라.

―――――――――――――――――――――― *My note*

1005

Stay open to new ideas.
One germ of a thought can lead you towards
bigger things.

새로운 아이디어에 개방적인 자세를 가져라.
하나의 작은 생각이
예상치 못한 큰 결실을 맺을지도 모른다.

My note ─────────────────────

1006

Be inspired by the German philosopher
of the 1700s, Immanuel Kant.
He encouraged people to 'dare to know' - to be
autonomous in their thinking rather than
relying on the knowledge of others.

☀

1700년대 독일 철학자 임마누엘 칸트에게서
영감을 받아라.
그는 '감히 알고자 하라.' 는 말로
사람들을 고무시켰다.
다른 사람의 지식에 의존하지 말고
자주적으로 생각하자.

――――――――――――――――――――――― *My note*

1007

Don't say, 'I'm no good at that.'
If you lack confidence in art, for example, buy
some paints or pencils and play around with
colour and techniques.
Enjoy your new pastime!

'나는 그걸 잘 못해.' 라고 말하지 마라.
예를 들어, 미술에 자신이 없다면
미술 도구를 사서 여러 가지를 그려보아라.
새로운 놀이를 즐기는 것이다!

My note ────────────────────

....

....

....

1008

If you have been thinking about doing
something for a long time, make today the
moment to follow it through with action.
What have you got to lose?

오랫동안 무언가 하고 싶다는 생각을 해왔다면,
오늘 실행에 옮겨보아라.
잃을 것은 없지 않은가?

My note

Choose a day to get things clutter-free.
Whether at home or at work, this helps
maintain clarity, without which wisdom
can be obscured.

오늘을 잡동사니를 치우는 날로 정해 보자.
집에서나 직장에서나 정리정돈은
보이지 않는 지혜를 명확하게 드러내는 방법이다.

My note

1010

Sometimes, simple and meaningful truths
come from unexpected sources.
Do not judge a person or a place by appearances.

☀

가끔, 단순하지만 의미 있는 진실은
예상치 못한 곳에서 나온다.
사람이나 장소를 겉으로 판단하지 마라.

My note

1011

There are no magic solutions.
Work hard and when you make mistakes
be sure to learn from them.

※

마법의 해결책은 없다.
실수를 하면 바로잡으려 노력하고,
그 실수에서 배워라.

My note

1012

Don't look where you fall,
but where you slipped.

추락한 장소는 쳐다보지 말고,
실수로 미끄러진 곳은 자세히 보아라.

− 아프리카 속담(African Proverb) −

My note

1013

The wise man shows no fear in the face
of the unexpected, and no anger in the face
of wrongful accusations.

현명한 사람은
예상치 못한 일에 두려움을 나타내지 않고,
부당한 비난에 화내지 않는다.

- 중국 속담(Chinese Proverb) -

My note

1014

History holds an enormous resource of wisdom. Choose a historical figure and learn about how their contribution helped society's evolution.

※

역사는 방대한 지혜의 자원이다.
역사적 인물을 골라
그들이 어떻게 사회 발전에
공헌했는지 알아보아라.

My note

1015

Ensure you enlist upon plenty of support
when you have challenging tasks to fulfil.

어려운 업무를 앞두고 있다면,
반드시 충분한 도움을 받아라.

My note

1016

World Food Day:
Why not try a memory-boosting menu today;
cook up a meal including eggs,
soybeans or vegetables such as broccoli,
cabbage and cauliflower?

☀

세계 음식의 날:
오늘 기억력을 향상시켜줄 음식을 섭취하라.
계란, 콩, 브로콜리, 양배추, 콜리플라워 같은
채소를 포함한 식사를 요리해 보는 것은 어떨까?

My note

1017

Today's wise reminder is to know yourself
well enough to be familiar with your strengths
and your weaknesses so you don't take on
something beyond your capabilities.

평소 자기 자신에 대해 잘 파악하여
자신의 강점과 장점을 잘 알아두어라.
당신의 능력을 벗어나는 일을
가려내는 안목이 생길 것이다.

My note

1018

Make a list of the people in your life that
you respect most for their good judgement,
experience and wisdom.
Always know that you can approach them
for their wise advice.

☀

당신의 인생에서 훌륭한 판단, 경험,
지혜를 보여주었던 사람들의 이름을 적어보아라.
그들에게 연락해 현명한 조언을 구할 수 있다는
사실을 항상 기억하라.

My note

1019

Excessive worry is like a rocking chair,
keeping you busy but getting you nowhere.
Stand up now and take a step forward!

☀

과도한 걱정은, 끊임없이 움직이지만
나아가지 않는 흔들의자와 같다.
지금 당장 일어나서 한 발 앞으로 나아가라.

My note

1020

When we see men of worth, we should think
of equalling them; when we see men of a
contrary character, we should turn inwards
and examine ourselves.

어진 사람을 보면 그와 같이 되기를 생각하고,
어질지 않은 사람을 보면
내면을 돌아보고 자신을 살펴라.

- 공자(Confucius) -

My note

1021

He is a wise man who does not grieve
for the things which he has not,
but rejoices for those which he has.

현명한 사람은 갖지 못한 것에 슬퍼하지 않고
가진 것에 크게 기뻐한다.

― 에픽테토스(Epictetus) ―

My note ―――――――――――――――

1022

You may be stuck in a job you hate,
but fill the rest of your life with things
that you love, making sure you find balance
and contentment.

싫어하는 일을 하고 있다면
나머지 시간을 좋아하는 것으로 채워보아라.
그 속에서 균형과 만족감을 찾아라.

My note

1023

Akrasia is the Greek term for when you
know the right course of action
and yet do not choose to do it.
Don't worry; you're not the only one
guilty of this!

아크라시아란, 옳은 일인 줄 알지만
행하지 않는 상태를 일컫는다.
행동하지 않은 지난날에 죄책감을 느끼지 말고,
오늘부터 실행해 보자.

My note ───────────────────

....

....

....

1024

Whatever today brings, be flexible, like the bamboo grasses that bend in the wind.

오늘 어떤 일이 일어나든,
바람에 휘는 대나무처럼 유연하게 대처하라.

My note

1025

Keep it simple.

복잡하게 생각하지 마라.

My note ───────────────────────

....

....

....

1026

Bring a heightened sense of appreciation
into your day.
Others will enjoy receiving positive feedback
and you are more likely to have a lot more fun.

감상의 폭을 확장시키는 하루를 보내보자.
상대방은 당신의 긍정적인 반응에 기뻐할 것이다.
그리고 당신은 그로인해
더 큰 즐거움을 맛볼 수 있을 것이다.

───────────────────────────────── *My note*

1027

Be money-wise by comparing costs
for all your essential utilities.
The time spent re-arranging bills
on the phone is worth it to make
some valuable savings.

생활비에 지출하는 비용을 비교하며
현명하게 소비하라.
전화요금 고지서 정리에 쓰는 시간은
가치 있는 절약의 지름길이다.

My note ───────────────

....

....

....

1028

Take a pause if you are confronted
with someone who irritates or angers you.
This moment of silence allows your deeper
wisdom to provide you with a wise response.

☀

당신을 짜증나고 화나게 하는 사람과
함께 있을 때는 잠시 숨을 돌려라.
이 침묵의 순간은
당신이 현명한 대응을 할 수 있도록
내면의 깊은 지혜를 불러온다.

My note

1029

Determine today that you will be fully present
when you listen to colleagues and friends.
Let's share our wisdom!

오늘 동료나 친구들의 이야기에
충분히 집중할 것이라는 마음을 먹어라.
지혜를 함께 나누자!

My note ────────────────────────

....

....

....

1030

Look out of the window and rest your eyes on
the changing colours of the autumn leaves.
Allow nature's patience and continual flow
to inspire the same in you.

☀

눈을 들어
창밖에 있는 가을 나뭇잎의 색깔이
변하는 것을 지켜보아라.
인내하며 서서히 변화하는
자연의 흐름을 지켜보면서 영감을 받아라.

——————————————————— *My note*

1031

If you're carving a pumpkin today don't throw
away the pumpkin seeds, since a daily handful
can provide a good source of zinc, enhancing
memory skills and thinking processes.
Who would have thought!

오늘 핼러윈데이 맞이 호박조각을 할 때,
호박씨를 버리지 마라.
호박씨 한 움큼 속에 들어 있는 아연은
기억력과 사고력 증진에 탁월한 성분이다.
놀랍지 않은가!

My note ───────────────────────────

11월

November

1101

A flowing stream is symbolic of wisdom.
If you pass one by, stop for a moment
to listen and absorb its expansive, clear
and ever-changing vibrations.

☀

흐르는 냇물은 지혜의 상징이다.
냇가를 지나치거든
잠시 멈추어서 냇물의 깨끗하고 탁 트인,
그리고 변화무쌍한 떨림을 들어보아라.

My note ────────────────

....

....

....

1102

Our parents and grandparents embody their
own form of wisdom, but we tend to journey
away from them before acknowledging they
may have something to teach us.
Keep in loving touch with your relatives.

☀

부모님과 조부모님은 그들의 지혜를
우리에게 표현하고 싶어 한다.
그러나 우리는 그분들에게 배울 점이 있다는 것을
깨닫기 전에 멀어져간다.
가족들과 돈독한 관계를 유지하도록 노력하라.

My note

1103

Take pleasure in your accomplishments.
By bringing a wise humility to your life
you are adding value to what you do.

☀

성취가 가져다주는 기쁨을 누려보자.
삶에 지혜로운 겸손을 더하면
내가 하는 행동의 가치가 더욱 깊어질 것이다.

My note

1104

Stress Awareness Day:
Make sure you have some healthy ways of
de-stressing such as meditation, exercise,
drinking tea or taking a walk.

스트레스 받는 날:
명상, 운동, 차 마시기, 산책 등
건강한 스트레스 해소법을 만들자.

― *My note*

1105

Enjoy the autumn aromas of bonfires,
damp leaves and rain-drenched earth.
Value these precious experiences.

모닥불, 젖은 나뭇잎,
촉촉이 비가 내린 땅의 향기에서 가을을 즐겨라.
이 소중한 경험들을 가치 있게 여겨라.

My note ───────────────

....

....

....

1106

Always say thank you when you have been
helped – buy the person a coffee, send them
a little note or pay it forward by doing
something helpful for someone else.

도움을 받으면 항상 감사하다고 말하라.
커피를 사거나, 작은 감사 메모를 쓰거나,
또 다른 이를 도와줌으로써
감사의 마음을 전달하라.

My note

1107

Today encourage yourself to ask others
for their viewpoint.
This could help shift a firmly held idea – and
open it up to a more expansive outcome.

다른 사람의 생각을 물어보며
스스로를 자극하라.
이것이 굳어 있는 생각을 열고
예상치 못한 결과를 불러올 것이다.

My note

1108

If your mind is becoming full of concerns and
you can't stop ruminating, remember Buddhist
wisdom to sit and meditate, clearing your
mind to be like a vast and open sky.

걱정으로 가득 찬 마음을 물리치기 힘들면,
앉아서 명상하라.
광활하게 열린 하늘처럼
마음을 비우는 부처의 지혜를 기억하라.

My note

As for me, all I know is that I know nothing.

내가 알고 있는 유일한 사실은
나는 아무것도 모른다는 사실이다.

- 소크라테스(Socrates) -

My note

1110

Do not say a little in many words
but a great deal in a few.

많은 단어로 적게 말하지 말고
적은 단어로 많은 것을 말하라.

- 피타고라스(Pythagoras) -

My note

/ / / /

Be aware of your intentions since
they create your future.
Write down a positive phrase to remember
such as, 'I am successful and I am at peace.'

☀

당신의 미래를 바꿀지도 모르니,
자신이 하고자 하는 바를 명확히 하라.
'나는 성공할 것이다. 나는 온화하다.' 와 같은
긍정적인 문구를 적어보자.

My note ────────────────────

....

....

....

1112

Sometimes it feels like we have to start our lives
all over again - be courageous and go for it.

가끔 우리는
삶을 완전히 다시 시작해야 할 것 같은 때를 느낀다.
용기를 가지고 새롭게 도전해 보아라.

---------- *My note*

1113

Gandhi spent one day a week meditating even
during the busiest political times of the
British Empire in India.
Give yourself regular meditation time
to focus on the wisdom of your heart.

☀

인도가 대영제국 치하에서
정치적으로 어지러운 시기에도,
간디는 일주일에 한번은 반드시 명상을 했다.
마음의 지혜에 집중하기 위한
주기적인 명상을 해보아라.

My note —

1114

Have a brainstorming session with friends – create a list of 20 ways to make positive changes in your lives.

친구와 아이디어를 브레인스토밍 하는
시간을 가져라.
당신의 삶에 긍정적인 변화를 가져다줄
20가지의 방법을 적어보아라.

My note

1115

Rather than react in panic to a challenging situation, allow yourself to pause and be calm so that the wiser options and alternatives within you have space to emerge.

예상 못한 어려운 상황에 놓이면,
허둥지둥 하지 말고 더 현명한 방안이
당신의 내면에서 떠오를 수 있도록
잠시 차분히 멈추어라.

My note ───────────────

1116

Imagine you cast a carpet of flower petals out
in front of you today and everywhere you walk
is with equanimity and peace.

☀

오늘 당신 눈앞에
꽃잎으로 된 카펫이 깔려 있다고 상상해 보아라.
당신이 가는 한걸음 한걸음이
평온과 평화로 가득하다고 상상하라.

My note

1117

Each day you awake to the gift of life.
Appreciate this by engaging fully in your
surroundings, with everyone you meet
and in the tasks you undertake.

매일매일 삶은 선물이다.
당신이 만나는 모든 사람, 당신이 하는 일,
당신의 환경을 한껏 즐기며 삶의 선물을 감사하라.

My note ───────────────

1118

Challenge yourself today to notice
when you are impatient.
Observe how you react to this and see
if you can apply the wisdom of patience.

어떤 상황에 초조함이 드는지
오늘 스스로를 시험해 보아라.
이에 어떻게 대처하는지 관찰하고
인내의 지혜를 발휘할 수 있는지 살펴보아라.

―――――――――――――――――――――― *My note*

1119

Nurture your loved ones by telling them
you love and appreciate them.
Your words will boost their confidence
and sense of well-being.

☀

아끼는 사람들에게 사랑하고 감사한다고 말하라.
당신의 말이 그들의 자신감을 북돋우고
행복을 줄 것이다.

My note

1120

Always be curious, because fostering wisdom
is a lifelong process.
Ask questions of others and of yourself.

☀

항상 호기심을 가져라.
지혜를 기르는 것은 일생에 걸친 과정이다.
다른 사람과 스스로에게 늘 질문을 던져라.

My note

1121

Slow down, concentrate on one thing at a time
and be fully present in the moment.
This will allow you to savour the enjoyable
things and perform to your best abilities
in your work.

천천히, 한 번에 한 가지씩 집중하고
그 순간에 최선을 다하라.
이것이 즐거운 일을 더욱 음미하는 방법이며,
업무에서는 최상의 성과를 낼 수 있을 것이다.

My note ───────────────────────

....

....

....

1122

When you are reading an interesting book,
don't keep it to yourself.
Chat to people about what you have read
and engage in discussion and sharing.

재미있는 책을 혼자만 읽지 마라.
당신이 읽은 것에 대해
사람들과 함께 이야기하고 공유하라.

My note

1123

Believe nothing, no matter where you read it,
or who said it, no matter if I have said it,
unless it agrees with your own reason
and your own common sense.

☀

어디서 무슨 글을 읽든
누구에게서 어떤 말을 듣든
심지어 그것이 내가 한 말이더라도
너의 이유와 상식에 부합하지 않으면 믿지 마라.

- 부처(Buddha) -

My note

1124

Do not try to know everything,
or you may end up knowing nothing.

모든 것을 알려고 하지 마라.
아무것도 모른 채 끝날 수도 있다.

- 데모크리토스(Democritus) -

My note

1125

What pearl of wisdom would you share
about your life with others?
Search deeply for the buried treasure within.

당신의 삶에 대한 주옥같은 이야기 중에서
어떤 말을 다른 사람과 나눌 것인가?
내면에 잠재되어 있던 보물을 꺼내보아라.

My note

1126

Make sure you are getting enough sleep.
You will be able to perform your daily
activities successfully and make decisions
with greater clarity.

충분한 숙면을 취해라.
일상생활을 순조롭게 영위하는 데 필요하며,
더욱 맑은 정신으로 결정을 내릴 수 있을 것이다.

My note

1127

If you dislike cleaning your house, put your
favourite piece of music on and focus on the
great exercise you will benefit from.
A wise person knows how to get the job done
whatever it takes!

집 청소를 싫어한다면
가장 좋아하는 음악을 틀어놓고
청소는 운동이라고 생각해 보아라.
현명한 사람은
주어진 일을 어떻게든 완수할 것이다!

My note ────────────────────────

....

....

....

1128

Cultivate a daily practice of being still
and listening to your inner wisdom.
Encourage yourself by finding a quiet place
in your home where you can sit and be
comfortable and calm.

☀

차분함을 유지하며
내면의 지혜에 집중하는 습관을 길러라.
집에서 정적이고 편안하게 앉을 장소를 마련하고
스스로를 단련시키자.

―――――――――――――――――――――――― *My note*

1129

Make a delicious warming broccoli soup and enjoy the knowledge that it is improving your brainpower with its high levels of vitamin K.

브로콜리는 비타민 K가 풍부하고
집중력을 증강시킨다.
따뜻하고 맛있는 브로콜리 수프를 즐겨보자.

My note

1130

Simple wise words for today – if you are
feeling overwhelmed with work or chores,
make a list of your priorities.
Follow the list and stay focused.

간단하고 지혜로운 오늘의 한마디 –
업무와 잔일이 많다면
우선순위 리스트를 만들어보아라.
정신을 집중하고, 리스트를 따라 나가라.

———————————————————————————— *My note*

12월

December

1201

Remain open to possibilities even
when things appear to be going wrong.
Know that true wisdom is about picking
yourself up when you have fallen down.

무언가 잘못되는 일이 있더라도
일말의 가능성을 열어두어라.
당신이 넘어졌을 때,
스스로 이겨내는 것이 진정한 지혜이다.

My note

1202

Happiness is a decision you can
make ahead of time.
Seek the positive in everything today.
Even if you are stuck in the post office
queue get chatting and cheer everyone up!

☀

행복은 시간에 상관없이 추구할 수 있다.
오늘 어떤 일에서든 긍정적인 면을 찾아보아라.
대기줄에 서 있을 때도
사람들과 대화를 하며 즐거움을 얻어라.

My note

1203

Be a visionary and don't give up.
Be clear about all the positive things you
wish to include in your life and be willing
to keep learning.

이상을 가지고 포기하지 마라.
삶에서 얻고자 하는 것을 명확히 하고
기꺼이 배우고자 하는 자세를 가져라.

My note

1204

Make plans for next year to go on a retreat
or a sabbatical, giving you some time to
learn more about yourself.

내년에는 일에서 한발 떨어져
휴식할 계획을 세워보아라.
스스로에 대해 더 알아볼 시간을 만들어라.

My note

1205

Start today with the intention of keeping
a clear conscience.
Confucius, the sixth century Chinese
philosopher, taught that this is a building
block of wisdom.

깨끗한 양심을 유지하라.
6세기 중국 철학자였던 공자는
깨끗한 양심이 지혜의 구성요소라고 하였다.

My note ───────────────

....

....

....

1206

Now there is one outstandingly important
fact regarding Spaceship Earth, and that is
that no instruction book came with it.

지금 우주선 지구호에 대해
매우 중요한 한 가지는,
이 우주선에는 설명서가 없다는 사실이다.

− 벅민스터 풀러(Buckminster Fuller) −

―――――――――――――――――――――――――――― *My note*

1207

The key to the wisdom of inner meaning is in the knowledge and ability to distinguish the material world from the spiritual world.

내적 의미를 깨닫기 위한 지혜의 열쇠는
물질적 세계와 정신적 세계를 구별하는
능력과 지식에 달려 있다.

– 수라와르디, Suhrawardi –

My note ───────────────

1208

Wisdom is not rooted in the desire for money
and material goods but for peace and creativity.
Be creative even if it's just a reshuffle of
furniture in your house.

지혜는 돈과 물질적 욕망을 채우기 위한
도구가 아니라,
평온함과 창의성을 추구하기 위해 존재한다.
집 내부를 꾸미고 가구 배치를 바꾸는 등,
사소한 부분에서 창의력을 발휘하라.

My note

1209

Give a hug to a friend or family member as
a way of showing support and love.
The key to wisdom is being able to
express yourself.

포옹은 친구와 가족들에게
지지와 사랑을 보여주는 방법 중 하나이다.
당신을 표현하는 것 또한 지혜의 비결이다.

My note

1210

Bring the spirit of flexibility with you
into your day.
If others resist your plans, be prepared
to listen to what they are saying
and be open to alternative ideas.

유연한 사고를 가지고 하루를 보내라.
당신의 생각에 동의하지 않는 사람들이 있으면
그들의 의견을 들어보고 다른 아이디어를 포용하라.

———————————————————————————— *My note*

1211

If you are out shopping today,
consider whether you need new items
or if you could repair what you still have.
Our wise choices can save money and the planet.

오늘 쇼핑 계획이 있다면
정말 새로운 물건이 필요한 것인지,
이미 가지고 있는 물건을 고쳐 쓸 수는 없는지
생각해 보아라.
현명한 생각은 돈뿐만 아니라 지구도 아낄 수 있다.

My note ———————————————

....

....

....

1212

Allow yourself to appreciate and celebrate the
magic of the festive season.

크리스마스 시즌의 매력을
즐기고 감사하라.

— My note

1213

If you feel a strong emotion,
pause and be curious about it.
Suppressing your feelings doesn't
teach you anything but exploring
and acknowledging them can provide
a chance to understand yourself better.

격렬한 감정을 느끼면 잠시 멈추고
이 감정이 왜 생겨났는지 곰곰이 생각해 보아라.
감정을 억누르는 것은 도움이 되지 않는다.
감정을 탐색하고 인정하는 과정이
자신을 연마하는 좋은 기회가 된다.

My note ─────────────────────────

....

....

....

1214

Find humour in your circumstances,
however challenging they might be.
A sense of humour is a great strength,
and laughter not only brings happiness
but is proven to increase immunity
and reduce stress.

당신이 처한 환경이 힘들더라도
유머를 잊지 마라.
유머는 큰 힘이 되고,
웃음은 행복을 가져다줄 뿐만 아니라
면역을 증강시키고 스트레스를 줄여준다.

――――――――――――――――――――――― *My note*

1215

Notice how our lives tend to be habitually
full of hastiness and speed.
Today, why not try a slower pace interspersed
with moments of tranquil stillness.
What might you gain from this?

☀

우리의 삶이 얼마나 조급함과 성급함에
습관적으로 물들어 있는지 살펴보아라.
오늘 하루를 천천히 여유 있게 보내는 것은 어떨까.
이 여유로움을 통해 무엇을 얻을 수 있을까?

My note ────────────────────────

....

....

....

1216

Book yourself a massage.
It can increase your serotonin
and dopamine levels that help to reduce
depression and cheer you up.
Listen to your inner wisdom to guide you
in the care of your health.

✺

자신을 위해 마사지를 예약해 보자.
그것은 당신의 세로토닌과 도파민 수치를 높여
우울감을 낮추어 주고 기운을 북돋아줄 것이다.
자신의 건강을 보살피도록 당신을 이끌어줄
내면의 지혜에 귀 기울여 보자.

My note

1217

Travel outside your comfort zone as this
provides a great learning opportunity,
especially if you need to rely on your
own resources to survive.

편안한 곳을 벗어나라.
특히 자신의 능력만으로
난관을 헤쳐 나가야 하는 상황을 겪고 나면,
이것이 더욱 큰 배움의 기회가 될 것이다.

My note ─────────────

1218

Shine clarity onto your life by measuring
how much you do for others and how much
you do for yourself.
If there is an unbalance, make plans to
introduce you back into your life.

다른 이에게 더 많은 관심을 가지는지,
스스로에게 더 많은 관심을 가지는지
판단해 보아라.
어느 한 쪽으로 치우치지 않도록
당신의 삶을 성찰하라.

―――――――――――――――――――――――― *My note*

1219

Not everything that counts can be counted,
and not everything that can be counted counts.

의미 있다고 해서 모두 셀 수 있는 것은 아니고,
셀 수 있다고 해서 모두 의미 있는 것도 아니다.

– 알베르트 아인슈타인(Albert Einstein) –

My note

1220

We can learn much from wise words,
little from wisecracks,
and less from wise guys.

우리는 지혜로운 말에서 많은 것을 배우고,
재치 있는 말에서 조금 배우고,
똑똑한 사람에게서는 더 적게 배운다.

– 윌리엄 아서 워드(William Arthur Ward) –

My note

1221

Sometimes you have to take a chance
rather than playing it safe.
Venture into the unknown to experience
a little fear and a lot of learning.
Think what you might do to
challenge yourself.

☀

가끔은 안전을 기하기보다 도전을 해야 한다.
미지를 모험하며 적당한 두려움과
큰 깨달음을 경험하라.
스스로를 시험하기 위해
무엇을 할 수 있을지 찾아보아라.

My note

1222

What we say, and do, to others can have
more of an impact than we ever realise.
Be aware of this today and look for opportunities
to show kindness and consideration.

☀

상대방에게 하는 말과 행동은
우리가 느끼는 것보다 더 큰 영향을 끼친다.
이를 명심하고,
오늘 다른 사람들에게 친절을 베풀고 배려하라.

―――――――――――――――――――――― *My note*

1223

All problems and challenges require the
application of wisdom so when the time comes,
ask yourself the question, 'Am I being wise?'

☀

많은 문제와 도전에 지혜를 적용할 수 있다.
때가 오면,
'현명하게 대처하고 있는가?' 라는 질문을
스스로에게 던져라.

My note ─────────────────────

1224

As you get involved in the seasonal festivities,
remember that you are creating memories
for all future tomorrows.
Bring your full participation and joy to
every moment.

크리스마스 분위기를 즐기는 동안
당신은 미래의 추억을 만들고 있다는 것을
잊지 마라.
지금 이 시간에 집중하고 매 순간을 즐겨라.

My note

1225

Christmas Day:
Set aside the need to control the perfect
outcome and spend the day in laughter,
love and enjoyment.

크리스마스:
모든 것을 완벽히 통제하려는 마음을 내려놓고
오늘은 웃음과 즐거움, 사랑이 넘치는
하루를 보내자.

My note ———————————————————

....

....

....

1226

Take notice of the wisdom that family
members may share with you.
An elderly relative may have an inspiring tale
to tell and will enjoy your loving attention.

☀

가족들에게서
지혜를 얻을 수 있다는 것을 기억하자.
연로한 집안 어른들은
당신에게 영감을 주는 이야기를 해주실 것이며,
당신의 관심을 반가워하실 것이다.

―――――――――――――――――――――― *My note*

1227

Share the wisdom you have learnt from
growing up by becoming a mentor to a
young person.
Seek information about this on the Internet.

어린 사람들의 멘토가 되어
당신이 자라면서 얻은 지혜를 나눠주어라.
인터넷을 통해서
멘토가 될 수 있는 방법을 찾는 것도 좋다.

My note ───────────────────────

....

....

....

1228

If you are starting to think about making changes in your life, remember you'll progress further quicker if you start small so that you will achieve tiny successes upon which to build your confidence.

☀

삶에 변화를 주고 싶다고 생각하기 시작했다면,
작은 것에서부터 작은 성취감을 느끼며
자신감을 쌓아나가는 것이
더욱 빨리 성장할 수 있는 방법이다.

———————————————————————— *My note*

1229

There is plenty of wisdom
around about healthy eating.
Make a concerted effort to eat well
and change some of your routines
that have kept you in a rut.

☀

건강한 식습관을 위한
현명한 방법은 얼마든지 있다.
건강한 식습관을 들이고
판에 박힌 생활을 바꾸려는
헌신의 노력을 기울여 보아라.

My note

1230

It is said you cannot learn wisdom,
you awaken to it.
Allow this possibility by always
believing in yourself.

지혜는 배우는 것이 아니라
깨우치는 것이라고 한다.
스스로를 믿고,
깨우침의 가능성을 활짝 열어두어라.

———————————————————— *My note*

1231

New Year's Eve:
Review the past twelve months to see
if you have become a little wiser.
Don't become disheartened if you haven't
achieved the wisdom you would have liked.
You are on the journey of a lifetime!

☀

제야:
지난 12개월 동안
조금 더 지혜로워졌는지 돌아보아라.
당신이 원하는 만큼의 지혜를
얻지 못했다고 하여 낙담하지 마라.
당신은 일생에 걸친 여행을 하는 중이다!

My note ───────────────────────

365일
마음을 열어주는
지혜 한 줄

●

초판 1쇄 발행 ‖ 2018년 11월 15일

●

지은이 ‖ 이베트 제인
옮긴이 ‖ 김민서
펴낸이 ‖ 김종호
펴낸곳 ‖ 밀라그로
주 소 ‖ 경기도 고양시 일산동구 호수로 446번길 7-4 (백석동)
전 화 ‖ 031) 907-9702   FAX ‖ 031) 907-9703
E-mail ‖ milagrobook@naver.com
등 록 ‖ 2016년 1월 20일(제2016-000019호)

●

ISBN ‖ 911-11-87732-16-7 (02840)

* 책값은 뒤표지에 있습니다.
* 잘못 만들어진 책은 구입하신 곳에서 바꾸어 드립니다.
* 밀라그로는 경성라인의 자회사입니다.
* 이 책은 하루의 삶이 달라지는 지혜 한 줄 개정판입니다.